퀴리 아줌마네
오두막 연구소

퀴리 아줌마네 오두막 연구소

신영란 글 | 안경미 그림 | 현종오 감수

주니어김영사

작가의 말

안전하고 평화로운
세상을 위하여

"마리 퀴리는 방사능을 발견하여 인류에게 새로운 과학의 길을 열어 주었지만 바로 그 방사능 때문에 백혈병으로 세상을 떠난 비운의 화학자였다. 오랫동안 방사능을 연구하느라 자신도 모르게 방사능에 노출되었기 때문이다."

저는 어렸을 때 이 글을 읽고 엄청난 충격을 받았어요. 죽음의 위험을 무릅쓰면서 그녀가 매달린 방사능이란 과연 무엇일까? 이런 의문을 품게 되면서 언젠가는 마리 퀴리에 대한 글을 꼭 써 보고 싶었어요. 그리고 마침내 이 책을 쓰는 동안 새로운 사실을 알게 되었답니다. 어렵고 따분한 과목인 줄만 알았던 화학이 실은 우리 생활 곳곳에 연결되어 있다는 것을 말이에요. 우리가 먹는 음식, 옷, 학용품, 비누, 치약 등 각종 생활용품에도 화학이 적용된다는 것을요.

마리 퀴리는 방사능을 연구한 성과로 노벨상을 두 번이나 받은 화학자예요. 방사능 덕분에 죽음의 병으로 알려졌던 암을 치료할 수 있는 길이 열렸고 많은 환자들이 새 생명을 얻을 수 있었어요. 하지만 방사능에 대한 이해가 부족한 사람들이 방사능을 함부로 사용하다가 목숨을 잃기도 했고 심지어 방사능 에너지를 핵무기로 이용하는 끔찍한 상황이 벌어지기까지 했어요. 사람들은 방사능이 인류의 발전을 앞당긴 소중한 선물이지만 잘못 사용하면 엄청난 재앙을 부른다는 사실을 알게 되었어요.

 만일 마리 퀴리가 오늘날 우리 옆에 있다면 어떤 모습일까요? 아마 어떻게 하면 방사능의 위험으로부터 안전한 세상을 만들 수 있을까 하고 고민하고 있을 거예요. 《퀴리 아줌마네 오두막 연구소》에서 마리 퀴리는 숲속 오두막 연구소에서 유기농 채소를 재배하는 농부의 모습으로 등장해요. 방사능에 오염되지 않은 먹을거리로 우리의 식탁을 지키고 방사능에 관한 진실을 세상에 알리기 위해서 힘쓰고 있지요. 주인공 세나와 친구들은 오두막 연구소에서 퀴리 아줌마를 만나 방사능에 관한 놀라운 사실을 배우고 과학자의 꿈을 키운답니다.

 이 책을 읽는 여러분들도 앞으로 우리가 살아갈 세상을 훨씬 더 안전하고 행복하게 만드는 꿈을 가져 보는 것은 어떨까요? 저는 여러분들 가운데 누군가 노벨상의 주인공이 될 그날을 기대하며 아낌없는 응원을 보낼게요.

2016년 10월 신영란

차례

고등어야, 미안해!
• 원자력은 제3의 에너지원이다 • 8

수다쟁이 외국인 아줌마
• 화학자는 지구 상에 존재하는 모든 물질을 연구하는 사람이다 • 24

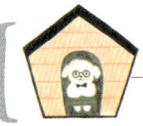
퀴리 아줌마네 오두막 연구소
• 천연 비료를 쓰면 흙 속의 나쁜 성분이 사라져 안전한 먹을거리를 생산할 수 있다 • 40

엄마의 달라진 식단
• 방사성 원소가 내는 빛은 방사선, 방사선을 방출하는 현상은 방사능이다 • 66

삼촌의 수술

• 원자력 발전은 천천히 에너지가 일어나고 원자 폭탄은 한꺼번에 에너지가 방출된다 • 82

화학의 역사를 새로 쓴 마리 퀴리

• 폴란드의 이름을 따 원소의 이름을 폴로늄이라 짓다 • 98

방사능은 에너지인가? 핵인가?

• 에너지는 생명이고 핵은 죽음이다 • 116

라듐과 폴로늄을 발견한 마리 퀴리는 어떤 사람일까? 130
독후활동지 142

고등어야, 미안해!
• 원자력은 제3의 에너지원이다 •

"방사능 물고기를 먹으려고?"

점심시간, 주노가 세나와 다정이의 식판을 흘깃 보더니 들으라는 듯 비아냥거렸다.

세나의 식판에는 고등어조림이, 다정이의 식판에는 어묵이 듬뿍 담겨 있었다.

"쟤 또 뭐라고 하는 거니?"

세나는 갑자기 기분이 확 상해서 주노를 노려보았다.

"텔레비전 보고 저러는 거야. 신경 쓰지 마, 세나야."

다정이가 걸어가면서 세나에게 참으라는 눈짓을 했다. 그 방송은 세나도 얼핏 본 기억이 있다.

2011년 10월, 일본 후쿠시마 원자력 발전소에서 폭발 사고가 일어났다. 어제 방송된 다큐멘터리에서는 사고가 난 후 주민들이 모두 떠나 버린 마을에 혼자 남아서 살고 있는 남자의 이야기가 나왔다.

아름다운 바닷가 마을은 단 한 번의 사고로 폐허로 변했고, 그 후로 5년이 흘렀다. 많은 사람들이 그곳으로 돌아가는 건 자살 행위나 마찬가지라고 했다. 하지만 남자는 고향을 떠나서는 살 수 없었다.

남자가 다시 돌아온 마을에는 나무와 풀이 조금씩 자라나고 있었다. 건강해 보이지는 않아도 어미 소와 송아지, 말, 타조, 강아지, 고양이 등 아직 살아 있는 생명체가 마을 곳곳에서 발견되기도 했다. 남자가 자신의 고향을 새로운 삶의 터전으로 삼고, 나무와 꽃을 심고 동물들과 어울려 살아가는 모습은 무척이나 감동적이었다.

"뭐 눈엔 뭐만 보인다더니! 하여튼 주노 쟤는 진짜 재수 없는 말만 한다니까! 설마 학교에서 방사능에 오염된 생선을 반찬으로 주겠어? 제대로 알지도 못하면서 잘난 척은!"

세나는 욱해서 볼멘소리를 내뱉기는 했지만 왠지 찜찜한 기분

에 밥알을 끼적거리기만 하다가 식당을 나왔다.

5교시는 하필 세나가 제일 싫어하는 과학 시간이었다. 이 시간만 되면 제일 신나서 떠드는 사람은 주노였다. 성적은 연하가 주노보다 앞설 때가 많았지만 연하는 주노처럼 나대지 않았다.

선생님은 믿기지 않는 이야기로 수업을 시작했다.

약 4백 년이나 된 북극의 빙하 속에서 이끼 식물이 발견되었는데, 캐나다의 한 대학교 연구실에서 그 이끼의 싹을 틔우는 데 성공했다는 것이다.

"어떻게 북극에서 식물이 자라요?"

"아무것도 살지 않을 것 같은 북극에도 약 4백 종에 가까운 식물이 자라고 있단다. 물론 이번처럼 수백 년이나 된 빙하에서 이끼를 캐낸 것은 특이한 발견이지만."

선생님은 생명의 신비란 그만큼 오묘한 것이라고 말했다.

"지진이나 화산 폭발이 일어나면 순식간에 수많은 사람들이 삶의 터전을 잃는다. 그런데 이렇게 폐허가 된 땅에서도 시간이 어느 정도 지나면 생명체가 자라날 수 있어. 수백 년간 얼어붙은 빙하에 갇혀 있던 이끼 식물이 새싹을 틔우는 건 기적 같은 일이지만, 그렇다고 결코 불가능한 일도 아니지!"

정말 그렇다. 세나는 죽음의 땅으로 변한 후쿠시마의 들판에

피어난 꽃을 떠올리며 문득 숙연한 마음이 들었다.

시작은 어디에선가 바람에 날려 온 작은 씨앗이었을 것이다. 아무도 돌보지 않는 황폐한 땅에 그 하나의 씨앗이 단단히 뿌리를 내리기까지 얼마나 많은 고통을 이겨 냈을까?

"선생님! 방사능이 유출되면 그 주변 지역도 오염되는 거죠?"

갑자기 주노가 뜬금없는 질문을 꺼냈다.

"사고 현장과 가까운 지역이라면 안전하다고 볼 수 없지. 그런데 왜?"

"후쿠시마 원자력 발전소가 폭발했을 때 전 유치원에 다녔지만 지금도 기억나요. 그때 아빠가 텔레비전을 보면서 방사능 찌꺼기가 제주도 앞바다까지 흘러 들어올 수 있다고 말했어요. 선생님, 그럼 우리나라에서 먹는 수산물도 안전하지 않은 거죠?"

주노는 작정을 한 듯 질문을 던졌다. 오늘 급식으로 나온 고등어 조림 얘기를 하고 싶은 것이었다.

'사고가 난 지 벌써 5년도 넘은 일을 가지고 잘난 척은!'

세나는 마뜩찮은 기분으로 인상을 찌푸렸다.

선생님은 후쿠시마 지역에서 채취한 수산물은 이미 국내 수입이 금지되었고, 일부 가공품에 대해서도 정부에서 엄격하게 관리하고 있다는 말과 함께 설명을 덧붙였다.

"특히 학교 급식은 반찬이든 밥이든 철저한 검사를 실시하고 준비하니까 걱정 말고 먹어도 괜찮아."

"선생님, 저도 질문 있어요."

이번에는 다정이가 손을 들었다.

"후쿠시마에서 사람들이 죽은 건 원자력 발전소가 폭발했기 때문이잖아요. 그런데 이렇게 위험한 시설을 왜 만드는 거예요?"

"맞아요. 우리나라에도 여러 곳에 있다던데, 그런 게 왜 있는지 모르겠어요."

"위험하니까 싹 다 없애 버리면 안 되나요?"

몇몇 아이들이 다정이의 질문을 거들고 나섰다.

 세나도 그게 궁금했다. 폭발 사고가 일어나면 수많은 사람들을 죽게 만들 수도 있는 끔찍한 시설이 우리나라에 있다는 사실만으로도 등골이 오싹해지는 것 같았다.
 "잠시만."
 선생님은 주머니에서 동전을 하나 꺼내더니 말했다.
 "동전을 가지고 있는 사람은 한 개씩 꺼내 보렴."
 아이들은 각자 주머니를 뒤지기 시작했다. 그러고는 백 원짜리, 오백 원짜리 동전들을 책상에 올려놓았다. 선생님은 아이들에게 동전의 앞면을 들어 보라고 했다. 잠깐 동안 교실 안이 술렁이기 시작했다.
 "당연히 숫자가 적힌 곳이 앞면이지. 돈의 액수는 숫자가 말해 주니까."

"그림이 있는 쪽에도 액수가 써진 거 안 보여? 이순신 장군은 백 원, 학은 오백 원! 숫자만 달랑 표시한 쪽보다 그림이 있는 쪽이 훨씬 근사한 것만 봐도 당연히 이쪽이 앞면이지!"

세나는 옆자리에 앉은 아이들끼리 티격태격하는 소리를 듣고 다정이의 동전을 쳐다보았다. 자신의 것과 같은 오백 원짜리지만 다정이가 들어 보인 쪽은 학이 그려진 부분이었다. 그때 한 아이가 손을 들고 말했다.

"선생님, 어느 쪽이 앞면인지 모르겠어요."

"모르는 게 당연하지."

"네?"

"동전의 앞면과 뒷면은 정확히 정해진 게 아니야. 사람들이 저마다 보는 관점에 따라서 숫자나 그림에 더 큰 의미를 두는 거지. 어느 쪽이든 동전은 그대로인데 말이야. 이런 걸 양면성이라고 한단다."

"아!"

아이들은 신기한 듯 동전을 이리저리 뒤집어 보았다. 하지만 세나는 동전의 앞면과 뒷면이 원자력 발전소와 무슨 상관이 있는지 이해가 되지 않았다.

선생님이 그런 세나의 마음속을 들여다본 것처럼 설명을 이어

갔다.

"원자력 발전소도 마찬가지야. 방사능 유출 사고를 떠올리면 마땅히 없어져야 하지. 하지만 원자력은 우리 생활과 떼려야 뗄 수 없을 만큼 중요한 시설이야."

"왜요?"

"에너지를 만들어 내기 때문이지."

"원자력 발전소에서 에너지를 만든다고요? 어떻게요?"

"우리나라에는 석유 자원이 부족하다는 건 알고 있지?"

"네."

"그럼 전기는 어떻게 만들까?"

그때 운동장에서 체육 수업을 하던 아이들의 함성이 "와!" 하고 들려왔다. 선생님이 창문을 닫았다. 아직 초여름인데도 더운 날씨였다. 바람이 통하지 않는 교실은 금세 후텁지근해졌다.

"땀 나요, 선생님."

"에어컨 틀어 주세요."

"이 정도 더위에 에어컨을 트는 건 에너지를 낭비하는 일이야. 미리미리 전기를 아껴 쓰지 않으면 정작 필요할 때 쓸 수가 없게 돼. 전기가 없는 생활을 상상할 수 있니?"

덥다고 성화를 부리던 아이들은 선생님의 말에 이내 입을 닫

앉다.

"선생님, 질문 있어요!"

모두들 잠자코 있는데 연하가 손을 들었다.

"우리나라는 석유가 나지 않지만 전기를 만드는 발전소가 여러 군데에 있잖아요. 그런데 왜 전기를 아껴 써야 하는지 모르겠어요."

"연하가 아주 좋은 질문을 했구나."

선생님이 흡족한 미소를 지어 보였다.

"가스레인지 위에 주전자가 있다고 생각해 보자. 물은 섭씨 100도에서 끓어오르지. 이 상태에서도 계속 열을 가하면 물이 끓어 넘치고, 끓어 넘친 물에 가스 불이 꺼지고 말아. 정전 사고가 일어나는 원리도 이와 비슷해."

선생님은 전기를 공급하는 양보다 사용량이 훨씬 많아지면 발전소의 기능이 마비되고, 이것은 우리 생활에 엄청난 혼란을 가져다준다고 말했다.

"전기가 없으면 텔레비전, 컴퓨터, 냉장고 등 가전제품을 사용할 수 없고 엘리베이터도 작동을 멈추지. 더 심각한 건 병원의 환자들이야. 급한 수술을 해야 되는데 전기가 끊긴다면 어떻게 될까?"

교실 안에는 짧은 침묵이 흘렀다.

"수력 발전소나 화력 발전소에서 공급하는 전기의 양은 한계가 있어. 원자력 발전소는 그보다 훨씬 많은 양의 전기를 만들어 낼 수 있지. 그래서 원자력을 제3의 에너지원이라고 하는 거야. 무슨 말인지 알겠니?"

"네!"

"자, 이제 다들 교과서를 펴도록 해."

선생님이 칠판 쪽으로 다가갔다. 그런데 다정이가 심각하게 말을 꺼냈다.

"그래도 고등어는 너무 안됐어요."

아이들의 시선이 일제히 다정이를 향했다.

"고등어가 뭐 어쨌다고 저래?"

"누가 고등어를 때렸나?"

뒤에서 남자아이들이 함부로 말하면서 킥킥대는 소리가 들렸다. 선생님은 그런 아이들에게 나무라는 눈초리를 보내고는 다정이에게 진지하게 물었다.

"어째서 그런 생각이 들었는지 말해 볼래?"

다정이가 머뭇거리면서 입을 열었다.

"고등어는 그냥 원자력 발전소 근처의 바다에 살았을 뿐이잖아요. 그런데 사람들의 잘못으로 방사능에 오염돼서 죽는 건 너무 잔인한 일 같아요."

세나는 언젠가 다정이가 전쟁 영화를 보다가 주인공이 타고 다니는 말이 쓰러지는 장면에서 안절부절못하던 모습을 떠올렸다. 다정이는 진짜로 말이 다치거나 죽었을까 봐 심장이 오그라드는 것 같았다고 했다.

약간 엉뚱한 면이 있어도 세나는 이름처럼 정이 많은 다정이가 좋았다. 하지만 짓궂은 남자애들 앞에서는 오히려 그런 성격이 놀림감이 되었다.

"하여튼 여자애들은 저래서 안 돼요! 하나만 알고 둘은 모른다니까!"

주노가 툭 내뱉은 말에 다정이는 쥐구멍이라도 찾고 싶은 얼굴이었다. 세나는 언짢은 눈길로 주노를 돌아보았다. 주노는 천연덕스럽게 어깨를 으쓱해 보였다.

"조용히!"

선생님이 칠판을 탕탕 두들겼다.

"다정이의 생각이 틀린 게 아니다. 맞아, 방사능에 오염된 고등어는 단지 사고가 난 원자력 발전소 근처의 바다에 살았기 때문에 식탁에 못 오르는 위험한 식품이 돼 버린 거야. 이건 고등어한테는 미안한 일이고 인간에게는 불행한 일이지."

선생님의 설명에도 불구하고 교실은 완전히 웃음바다가 돼 버렸다. 너무 웃다가 재채기를 하는 아이들도 있었다. 고등어한테 미안하다는 선생님 말에 웃음이 빵 터진 것이다.

"조용! 조용!"

선생님은 아이들의 웃음소리가 가라앉기를 기다렸다가 이야기를 계속했다.

"과학에도 양면성이 있어. 예를 들어 강력한 폭발력을 지닌 다이너마이트는 광산업을 발전시키는 데 중요한 역할을 해 왔지. 그런데 이것이 전쟁에 사용되면 끔찍한 무기가 되는 거야. 과학은 이용하기에 따라서 그 결과가 달라진다는 걸 알아야 해."

소란스럽던 교실은 어느덧 찬물을 끼얹은 듯 조용해졌다. 다들 머릿속이 혼란스러운 얼굴을 하고 있었다.

"하지만 과학의 목적이 인류의 행복에 있다는 것만은 변함없는 진실이야. 그래서 어느 과학자는 이런 말을 남겼지. '두려워할 건 아무것도 없다. 단지 우리가 이해해야 할 것이 있을 뿐이다.'라고. 원자력의 장단점을 확실히 알고 잘 이용하면 자연과 인간에게 불행한 일이 생기지 않도록 대비할 수 있을 거야."

세나는 오늘따라 선생님의 이야기가 귀에 쏙쏙 들어왔다. 평소에는 어렵고 딱딱하게만 느껴졌던 과학 시간이 전혀 지루하지 않았다. 수업이 끝나자 많은 아이들이 아쉬워하는 모습이었다.

방과 후, 세나는 다정이와 나란히 교실을 나섰다.

"아이고! 고등어한테 미안해서 어떡해?"

등 뒤에서 주노가 큰 소리로 이기죽대는 소리가 들려왔다.

"저걸 확!"

"그러지 마. 제발 그냥 가자, 세나야."

다정이가 어쩔 줄을 몰라 하면서 세나의 팔을 잡아끌었다. 세나는 화가 나서 고개를 홱 돌렸다. 주노가 둘을 흘끔거리면서 계속 지껄였다.

"연하야, 오늘 과학 시간은 진짜 감동적이지 않았냐? 난 원래 생선 싫어하지만 고등어는 미안해서 죽어도 못 먹을 거 같다!"

"그만해, 좀."

연하가 주노를 말렸다.

"내 생각이 그렇다는데 뭐 어때서?"

"원래 여자애들은 그런 거 잘 모르잖아."

세나는 연하가 주노를 가로막고 내뱉는 말에 더 기분이 나빴다. 그래도 연하는 좀 다를 줄 알았더니, 아예 여자애들을 싸잡아서 무시하는 것이었다.

세나는 뭐라고 한마디 해 주려다 꾹 참았다. 주노와 연하가 둘이서 죽이 척척 맞는 모습을 보니 괜히 말을 섞었다가는 본전도 못 찾을 듯싶었다.

수다쟁이 외국인 아줌마

• 화학자는 지구 상에 **존재하는** 모든 물질을 연구하는 사람이다 •

나 지금 어디 가게?

청주에 사는 필이 삼촌에게서 문자가 왔다. 고속버스 안에서 찍은 삼촌의 사진도 함께 들어 있었다.

삼촌! 지금 서울 오는 거야?

세나가 답장을 적고 있는데 곧바로 휴대 전화가 울렸다. 필이 삼촌이었다.

"이제 버스에서 내렸다, 세나야! 너 딱 기다려!"

"정말? 삼촌, 정말 우리 집에 올 거야?"

세나는 휴대 전화를 들고 폴짝폴짝 뛰었다.

필이 삼촌은 체육 대학교를 졸업하고 태권도장을 운영하며 세나의 가족과 함께 살았었다. 그러다 2년 전에 태권도장을 정리하고 청주로 떠났다. 가족이 없는 노인 환자들을 돌보는 요양 병원에서 자원 봉사를 하기 위해서였다.

아빠는 하나뿐인 동생인 필이 삼촌이 결혼할 때까지는 한집에서 같이 살기를 원했다. 잘나가는 도장을 그만두고 왜 고생을 사서 하느냐고 반대도 많이 했다. 하지만 필이 삼촌은 끝내 고집을 꺾지 않았다.

마침 오늘은 학원에 가지 않는 날이라 세나는 더욱 마음이 설렜다.

"병원에 잠깐 볼일이 있어. 끝나면 바로 갈게."

삼촌은 저녁 식사 시간 전까지는 집에 오기로 약속하고 전화를 끊었다.

'난 항상 부모님이 일찍 돌아가신 게 안타까웠어. 돌봐 드리고 싶어도 그럴 기회가 없었으니까. 요양 병원에 있으면 보람도 있고 마음이 아주 편해. 우리 세나가 보고 싶어서 힘든 것만 빼고!'

세나는 언젠가 삼촌이 했던 말을 떠올리며 가슴이 뭉클했다. 할아버지 할머니는 삼촌이 중학생일 때 갑작스런 사고로 돌아가셨다고 했다. 두 분이 나란히 찍은 사진이 세나네 거실 벽에 걸려 있는데, 삼촌은 가끔 소파에 앉아서 할머니 할아버지 사진을 물끄러미 바라보며 슬퍼했다. 하지만 삼촌이 요양 병원에서 일한 뒤로는 그렇게 우울해하는 모습을 볼 수 없었다. 세나가 영상 통화로 만나는 삼촌은 항상 밝고 활기가 넘쳤다.
　엄마가 청소를 해 준 덕분에 필이 삼촌 방은 잘 정돈되어 있었다. 세나는 책상 주변을 한 번 더 닦고 내친김에 창틀의 먼지까지 말끔히 닦았다.

"세나야, 저녁 먹자."

밖에서 엄마가 부르는 소리가 들렸다.

저녁 메뉴는 삼촌이 좋아하는 불고기였다. 쌍둥이 언니들과 아빠는 이미 식탁에 앉아 있었다. 세나는 초조하게 시계를 들여다보았다. 저녁 7시가 조금 넘었다.

"난 이따 삼촌 오면 같이 먹을 거야."

세나는 배가 조금 고팠지만 아직 참을 만했다. 그런데 방으로 들어가려는 세나를 아빠가 불러 세웠다.

"그냥 먹어라."

"왜?"

"삼촌 오늘 못 온단다. 방금 전화 왔어."

아빠가 심각하게 말하자 엄마가 대신 뜻밖의 이야기를 전했다.

"병원에서 검사할 게 더 남아서 내일까지 입원해야 된대. 오늘은 우리끼리 먹자."

"무슨 검사를 그렇게 많이 해?"

세나는 식탁에 앉지도 않고 휴대 전화부터 열었다.

세나야! 내일 학교 앞 공원에서 만나자.
삼촌이 피자 사 줄게!

삼촌의 메시지가 와 있었다. 세나는 그제야 서운한 기분이 좀 풀렸다. 열심히 물걸레질을 했더니 밥맛도 꿀맛이었다. 언니들이 금세 기분이 풀어진 세나를 빤히 쳐다보았다.

"삼촌한테 문자 온 거야?"

"응! 내일 우리 학교 앞으로 온대."

"쳇! 삼촌은 세나만 예뻐해."

"나한테도 문자를 안 보냈어."

"항상 언니들끼리만 노니까 그렇지."

"좋겠다, 이 초딩아!"

하나와 두나 언니가 입을 삐죽거렸다.

"다들 주목! 마침 방사능에 대해 공부할 좋은 기회가 생겼다."

다음 날 아침, 선생님은 2주 후에 교내 과학 토론 경진 대회가 열린다는 소식을 전하며 특별한 과제를 내 주었다.

"토론 주제는 방사능이야. 대회는 두 명씩, 또는 네 명씩 팀을 짜서 참가해도 되니까 우선 마음에 맞는 친구끼리 팀을 이루고 다음 주까지 계획안을 제출하도록."

조회가 끝나자 교실은 다시 소란스러워졌다.

"누구 나랑 같은 팀 할 사람?"

아이들은 과학을 잘하는 친구와 팀이 되려고 이 자리, 저 자리 분주하게 옮겨 다녔다. 연하와 주노가 제일 인기가 많았다.

"내 팀은 내가 정할 테니까 파트너 신청은 사절이야."

몇몇 아이들에게 둘러싸인 주노의 목소리였다. 과학을 좀 잘한다고 거드름 피우는 꼴이 가관이었다.

'난 너랑은 절대 한 팀 안 해!'

세나는 고개를 돌리다 우연히 연하와 눈이 마주쳤다.

"세나야, 너는 팀 정했어?"

연하가 먼저 말을 건넸다.

"당연하지!"

세나는 순간적으로 대답했다. 연하가 여자애들은 방사능에 대해 잘 모른다면서 주노랑 맞장구치던 모습이 떠올랐다.

"누구랑?"

"다정이."

세나는 의기양양하게 다정이를 돌아보았다.

아직 다정이에게 의견을 물어보지는 않았지만 제일 친한 친구끼리 한 팀이 되는 게 당연하다고 생각했다. 그런데 다정이의 태도가 애매했다. 방금 세나가 한 말을 듣고도 별 다른 반응이 없었다.

"넌 나랑 같이 하는 게 싫어?"

"아니. 그냥 좀 그래. 내가 과학을 너무 못하니까."

다정이는 세나와 둘이서만 팀을 하기가 부담스러운 눈치였다. 사실 세나도 자신이 없기는 마찬가지였다. 그렇다고 구차하게 팀이 돼 줄 사람을 찾아다니고 싶지는 않았다.

"너랑 나랑 과학 실력이 좀 부족한 게 사실이지만 이건 시험이 아니잖아. 우리가 잘할 수 있는 방법을 찾으면 돼. 이것저것 검색도 해 보고, 정 안 되면 도서관에라도 가 보지, 뭐. 난 주노 녀석이 잘난 척하는 꼴이 싫어서라도 열심히 할 거야."

"넌 주노가 그렇게 싫으니?"

"어?"

세나가 모처럼 열변을 토하는데 다정이가 생뚱맞은 말을 꺼냈다.

"주노가 왜 싫은데?"

"그럼 넌 아무렇지도 않아?"

"주노랑 한 팀이 되면 좋은 건 사실이잖아."

"무슨 말이 그래?"

세나는 수상쩍은 눈길로 다정이를 쳐다보았다. 다정이는 주노한테 그렇게 당해 놓고도 주노를 두둔했다.

"윤다정, 너 설마 정주노 좋아하는 거야?"

"뭐? 아니거든?"

다정이는 눈을 동그랗게 뜨고 펄쩍 뛰었다. 그러면서도 끝내 세나와 한 팀을 하겠다는 말은 하지 않았다. 세나는 은근히 자존심이 상했다. 그런 줄도 모르고 다정이는 이상한 말을 꺼냈다.

"아까 보니까 연하가 너랑 한 팀이 되고 싶어 하던데, 연하는 어때?"

"뭐가?"

"아니, 너랑 연하랑 잘 어울리는 것 같아서."

"웃기지 마. 너 전에 연하가 주노랑 하는 말 못 들었어? 나는 연하를 그렇게 안 봤는데 진짜 실망이더라."

세나는 다정이한테 연하에 대한 불만을 잔뜩 털어놓았다. 세나에게는 새로운 오기가 생겼다. 어떻게든 과제를 잘 해내서 여자라고 무시하는 남자애들 코를 납작하게 만들어 주고 싶었다.

"미안한데 조금만 기다려, 세나야. 지금 가는 길인데 차가 좀 막히네. 근처에 가서 다시 전화할게."

학교를 마치고 공원 입구에 들어설 때 필이 삼촌에게서 전화가 왔다.

세나는 자전거를 타려다가 그만두고 벤치에 앉아 학교에서 선생님이 나눠 준 과학 토론 경진 대회 설명서를 살펴보았다. 다정이를 안심시키기 위해서라도 준비를 꼼꼼히 해야 했다. 하지만 어디부터 시작해야 할지 막막했다.

"어?"

휴대 전화를 만지작거리던 세나는 하마터면 비명을 지를 뻔했다. 갑자기 말티즈 한 마리가 벤치로 폴짝 뛰어올랐다. 녀석은 알 수 없는 기호들로 가득한 망토를 걸친 채 목에는 딸랑딸랑 소리가 나는 은색 종을 매달고 있었다. 세나가 놀란 건 녀석의 목에서 나는 종소리 때문이었다.

"바우!"

곧이어 말총머리를 한 외국인 아줌마가 나타났다. 강아지랑 같은 문양이 새겨진 티셔츠에 청바지를 입은 아줌마는 몸매가 늘씬했다. 선글라스를 머리 위에 얹었는데, 다시 보니 강아지의 머리에도 장식용 선글라스가 씌워져 있었다.

"이 말썽꾸러기!"

아줌마가 벤치 앞에 팔짱을 끼고 서자 강아지가 바닥으로 폴짝 뛰어 내려가더니 아줌마의 발밑을 뱅글뱅글 돌았다. 아줌마도 제자리에서 빙글빙글 원을 그렸다. 마치 둘이서 딸랑딸랑 종소리에 맞춰 왈츠를 추는 것처럼 보였다.

"안녕? 내 이름은 마리 퀴리야. 그냥 퀴리 아줌마라고 불러도 돼. 그리고 얘는 내 친구 바우!"

 퀴리 아줌마가 동작을 멈추고 인사를 건넸다.

 아줌마의 커다란 갈색 눈에 장난기가 묻어났다. 세나의 영어 선생님은 캐나다 사람인데 퀴리 아줌마처럼 한국어 발음이 자연스럽지 않았다. 세나는 잠시 어리둥절하다가 엉거주춤 자리에서 일어났다.

 "네, 안녕하세요. 저는 세나라고 해요."

 "세나? 예쁜 이름구나. 너도 산책 나왔니?"

"아뇨. 삼촌이랑 여기에서 만나기로 했어요."

"음, 그렇구나."

퀴리 아줌마는 이마에 흘러내린 머리카락을 쓸어 올렸다.

"이 녀석이 세나랑 친해지고 싶은 모양인데?"

어느 틈에 바우가 다시 벤치로 올라와 세나 옆에 앉았다.

"안 물어요?"

퀴리 아줌마가 안심하라는 듯 고개를 끄덕였다.

세나는 조심스럽게 바우에게 손을 뻗었다. 바우는 등을 어루만져 주는 게 좋은지 세나를 쳐다보았다. 양쪽 귀를 쫑긋거리며

까만 눈망울을 굴리는 모습이 옆집 강아지와 닮았다.

"강아지 좋아하니?"

"네!"

세나는 전부터 엄마에게 강아지를 키워 보고 싶다고 말했다.

"하지만 엄마랑 언니들은 강아지를 싫어해요. 전 강아지가 너무 귀엽고 예쁜데……."

바우가 말귀를 알아듣는 것처럼 꼬리를 살랑거렸다. 꼬리가 움직일 때마다 망토의 알파벳이 조금씩 따라 움직였다.

"아줌마, 근데 바우랑 아줌마 옷에 있는 글자는 뭐예요?"

"아, 이거? 화학의 원소 기호를 나타낸 거야. 어디 보자. O는 산소, H는 수소, He는 헬륨, Ca는 칼슘……. 어때? 멋지지 않니? 바우랑 같이 입으려고 내가 직접 만든 커플룩이야."

"아, 네."

세나의 질문에 퀴리 아줌마는 갑자기 수다스러워졌다. 말끝마다 어떠냐고 물으면서도 세나가 대꾸할 틈도 없이 다음 말을 꺼냈다. 아줌마가 손으로 옷을 짚어 가며 설명해 준 원소 기호 중에 세나가 아는 것이라고는 산소와 수소뿐이었다.

세나는 아줌마와 바우를 번갈아보다가 물었다.

"아줌마는 패션 디자이너죠?"

"땡! 옷은 재미 삼아 만든 거야. 이 아줌마는 어떤 일을 하는 사람일까?"

퀴리 아줌마가 힌트를 주려는 듯 눈으로 자신과 바우의 옷을 가리켰다.

세나는 고개를 갸우뚱했다. 분명 직업이 옷차림과 관계가 있는 건 확실한데 패션 디자이너 말고는 특별히 떠오르는 게 없었다.

"잘 모르겠는데요?"

"혹시 화학자에 대해 알고 있니?"

"화학자요? 화학자는 무슨 일을 하는데요?"

"음, 화학자가 무슨 일을 하냐면 말이야. **지구 상에 존재하는 모든 물질을 연구한단다.** 어때, 이제 뭔가 감이 오지 않니?"

퀴리 아줌마가 큰 눈을 깜박이며 세나를 쳐다보았다. 세나는 약간 알쏭달쏭했다.

"화학자도 과학자랑 하는 일이 같아요?"

"딩동댕! 화학은 물리, 생물처럼 과학의 한 분야란다. 어느 분야를 연구하느냐에 따라서 과학자는 화학자, 물리학자, 생물학자 등으로 나뉘지."

"저, 그럼 방사능은 어느 분야에 속하는 거예요?"

"방사능? 오, 그건 내가 살면서 가장 열심히 파고 들었던 분야란다!"

퀴리 아줌마가 손가락을 '탁' 퉁기며 활짝 웃었다.

방사능을 직접 연구하는 화학자를 만나다니, 세나는 뜻밖의 상황에 어안이 벙벙했다.

"아줌마, 하나 여쭤볼 게 있는데요."

"오, 그래! 뭐든지 말해 보렴."

"오늘 학교에서 방사능은 장점도 있지만 단점도 있고 위험한 거라고 배웠어요. 그런데 아줌마는 왜 하필 방사능을 연구하셨는지 궁금해요."

"세나야. 새로운 발견을 통해 악한 것보다 선한 것을 더 많이 얻을 수 있단다. 방사능이 위험하기만 했으면 세상에 존재할 수도 없었겠지. 문명이 발전한 건 위험을 무릅쓰고라도 삶을 보다 행복하게 만들려는 사람들의 노력이 있었기 때문이야. 아줌마가 화학자가 된 것도 그런 이유에서란다."

퀴리 아줌마는 선생님과 비슷한 말을 했다.

그 사이 바우는 꾸벅꾸벅 졸고 있었다. 그때 휴대 전화가 울렸다. 삼촌의 전화였다.

"이제 삼촌한테 가 봐야 해요."

"그래, 만나서 반가웠어. 세나야, 우린 매일 이 시간에 산책을 나온단다."

"저도 매일 학교 끝나면 이 공원을 지나서 집으로 가요."

"그래? 잘됐구나. 언제 또 만날 기회가 있겠지!"

"네!"

세나가 벤치에서 일어나자 바우가 눈을 번쩍 떴다.

"안녕, 바우야!"

세나는 바우를 한 번 쓰다듬어 주었다.

"다음에 또 만나요, 퀴리 아줌마!"

퀴리 아줌마네 오두막 연구소

• 천연 비료를 쓰면 흙 속의 나쁜 성분이 사라져 안전한 먹을거리를 생산할 수 있다 •

"삼촌, 청주에는 언제 갈 거야?"

"왜, 빨리 갔으면 좋겠어?"

"아니!"

"근데 왜 세나는 삼촌 올 때마다 자꾸 언제 가냐고 묻기부터 해?"

"삼촌이 빨리 가면 서운하니까 그러지."

"그게 무슨 말이야?"

"그러니까 우리 집에 더 있다 가라고. 지난번에 왔을 때처럼 일찍 가지 말고……."

"아! 그때는 삼촌이 일 때문에 어쩔 수 없었어. 세나가 많이 섭섭했구나?"

필이 삼촌이 세나를 빤히 쳐다보았다. 주문한 피자가 아직 나오기 전이었다. 세나는 말없이 고개를 끄덕이며 가게 안을 둘러보았다.

지난번에 삼촌이 서울에 왔을 때에도 이곳에서 만났다. 세나는 집에서 하루라도 머물고 갈 줄 알았던 삼촌이 그냥 피자만 사 주고 가서 얼마나 실망했는지 모른다.

"세나야, 오늘은 피자 먹고 집까지 걸어가자!"

"정말? 정말 오늘 우리 집에서 잘 거야?"

"그럼! 아마 며칠 더 서울에 있게 될지도 몰라."

"우아, 신난다!"

세나는 너무 기뻐서 환호성을 질렀다.

그때 종업원이 피자를 가져왔다. 삼촌은 세나의 접시에 커다란 피자 한 조각을 덜어 주고는 냅킨을 챙겨 주었다.

"세나야, 맛있게 먹어!"

"삼촌은 안 먹어?"

"난 점심을 늦게 먹었어. 남으면 포장해 가자."

삼촌은 그렇게 말하고는 샐러드만 조금 먹었다.

세나는 예전에 삼촌이 밥 먹은 지 삼십 분도 안 돼서 피자를 배달시키면서 했던 말이 떠올랐다.

"삼촌은 밥 먹는 배랑 피자 먹는 배가 따로 있다며?"

"내가 그랬던가?"

삼촌은 말끝을 흐리며 쓸쓸한 미소를 지었다.

세나는 왠지 느낌이 이상했다. 오늘따라 삼촌은 기운이 없어 보였다.

"삼촌 어디 아파?"

"아니야."

"근데 왜 어제 병원에 입원했던 거야?"

"응, 별일 아니야. 아침에 아무것도 먹지 않은 상태에서 검사를 할 게 있어서 병원에 하루 더 있었던 것뿐이야."

"그럼 이제 괜찮은 거지?"

"당근이지! 걱정 말고 먹기나 해, 세나야!"

삼촌은 팔뚝에 알통을 만들어 보이며 싱긋 웃었다. 하긴 삼촌은 힘도 세고 건강한데 아플 리가 없었다.

"오랜만에 세나랑 같이 걸으니까 옛날 생각난다."

"나도!"

세나는 필이 삼촌의 손을 꼭 잡고 집까지 걸었다. 삼촌과는 기분 좋은 추억이 많았다. 갑자기 비나 눈이 오는 날이면 삼촌이 엄마 대신 학교에 세나를 데리러 오곤 했었다. 세나는 삼촌과 우산을 함께 쓰고 집까지 자주 걸어갔다.

필이 삼촌은 세나의 태권도 선생님이기도 했다. 엄마 아빠는 회사에 가고 언니들이 피아노 학원에 가 있는 동안 세나는 삼촌의 태권도장에 다녔다. 처음에는 그저 집에 혼자 있기 싫어서 삼촌을 따라간 것이었는데 나중에는 태권도를 배우길 잘했다는 생각이 들었다. 태권도 기술로 얄미운 남자아이들을 혼내 줄 수 있었기 때문이다.

앞에서 삼촌 또래의 남자와 여자가 다정하게 걸어가고 있었다. 세나는 문득 궁금한 게 떠올랐다.

"삼촌은 왜 여자친구가 없어?"

"아직 우리 세나처럼 예쁜 여자를 못 만나서 그렇지."

삼촌은 씩 웃으며 너스레를 떨었다.

"그런데 너, 설마 이 다음에 삼촌이랑 결혼한다고 떼쓰는 건 아니겠지?"

"우웩! 삼촌이나 그러지 마!"

집에 도착한 세나는 뿌듯한 마음으로 삼촌이 쓰던 방을 열어

보였다.

"내가 어제 엄청 깨끗이 청소했어, 삼촌!"

"우아, 감동이야!"

삼촌이 세나를 향해 엄지를 척 들어 올렸다.

삼촌은 무척 피곤했는지 저녁밥을 먹자마자 방으로 들어갔다. 엄마는 세나에게 삼촌을 깨우지 말라고 특별히 주의를 주었다.

"삼촌은 좀 쉬어야 되니까 귀찮게 굴면 안 돼."

세나는 다음 날 아침에 삼촌 얼굴을 보지 못하고 학교에 갔다.

"세나야!"

교문을 들어서는데 연하가 옆으로 다가왔다.

"지난번에는 오해가 있었던 것 같아."

"뭘?"

"다정이한테 얘기 들었어. 하지만 난 그런 뜻이 아니었어."

"무슨 얘기?"

세나는 당황해서 걸음을 멈췄다.

"아무튼 나한테도 잘못이 있으니까 일단 사과부터 할게. 네가 마음이 상했다면 미안해."

연하가 말했다.

"그런데 솔직히 난 남자 편, 여자 편을 가른 적이 한 번도 없어. 남자와 여자가 잘할 수 있는 일이 다르다고는 생각해. 그날도 그런 뜻으로 한 말이야. 절대 여자를 무시한 게 아니라는 것만 알아주라."

"알았어."

세나는 연하의 진지한 사과에 오히려 미안한 마음이 들었다. 차라리 그때 그 자리에서 따졌다면 계속 오해하지는 않았을 거라는 후회가 들기도 했다. 연하는 잠시 망설이다 민망해하는 세나에게 제안을 했다.

"과학 경진 대회 말인데, 우리 한 팀이 되지 않을래?"

"난 다정이랑 하기로 했는데?"

"선생님이 둘이나 넷이 한 팀이 돼도 괜찮다고 하셨잖아."

"넷이? 그럼 누구누구?"

"너, 나, 주노, 다정이. 이렇게 넷이 팀을 하면 좋을 것 같아."

"주노? 정주노?"

세나는 순간 기함할 뻔했다. 다른 애도 아니고 주노랑 한 팀을 하다니! 그건 도저히 받아들일 수 없는 일이었다.

"주노가 원래 방사능에 관심이 많아. 아는 것도 많고. 근데 우린 둘 다 꼼꼼하지 않은 게 문제야. 그래서 너네랑 팀을 합치자는 거야."

"아니, 난 그냥 다정이랑 둘이 할래."

세나는 연하의 적극적인 태도에 마음이 흔들렸지만 이내 고개를 저었다. 넷이서 팀을 하면 우승할 확률은 높았다. 그렇지만 아무리 생각해도 주노는 불편했다.

교실 안에서는 다정이와 주노가 이야기를 나누고 있었다. 주노는 세나와 눈이 마주치자 겸연쩍은 표정을 지으며 제자리로 돌아갔다. 굳은 얼굴로 자리에 앉은 세나에게 다정이가 먼저 말을 걸었다.

"너 연하랑 화해했어?"

"이 배신자! 그 얘기를 연하한테 왜 했어?"

"네가 비밀이라고 안 했잖아. 그래서 화났어?"

"하여튼 너는 말이 많은 게 문제야, 문제!"

"연하, 좋은 애잖아."

"네 눈에 안 착한 애가 어딨니?"

세나는 밉지 않게 다정이를 흘겨보았다.

"근데 너, 정주노랑 무슨 얘기했어?"

"어? 내가 계획안 쓰는 방법을 알려 달라고 했어."

다정이는 쑥스러운 듯 목소리를 낮췄다.

"근데 주노 있잖아. 알고 보면 성격도 나쁘지 않아. 나한테 이것저것 잘 알려 주더라."

"흥! 우리 반 삐딱이가 윤다정의 애교에 넘어갔네."

"그런 거 아니거든?"

"다정이 너, 얼굴에서 불나겠어!"

세나는 주노 얘기만 나오면 호감을 내비치는 다정이를 놀리려고 짓궂은 농담을 건넸다. 다정이는 진짜로 얼굴이 빨개졌다.

"주노, 은근히 귀엽잖아. 잘생기기도 했고."

"귀여워? 누가?"

세나는 잠깐 동안 귀를 의심했다. 반에서 주노가 귀엽다고 말하는 여자애는 다정이밖에 없을 거다. 이것뿐만이 아니었다. 다정이는 한술 더 떠서 주노와 같은 팀이 되고 싶은 속마음을 은근히 내비쳤다.

"실은 나도 과학 토론 경진 대회 같은 거에 관심이 없었는데 주노랑 얘기하다 보니까 욕심이 생겼어."

"아, 맞다! 다정아. 나 어제 공원에서 화학자 아줌마를 만났는데 방사능에 대해서 많이 아는 분이셨어."

"정말?"

퀴리 아줌마 이야기에 다정이는 눈빛이 잠깐 반짝거리더니 뭔가를 골똘히 생각하는 듯했다.

"세나야, 나한테 좋은 생각이 있는데……."

다정이가 머뭇거리면서 세나의 눈치를 살폈다.

"난 주노랑 같은 팀이 되고 넌 연하랑 같은 팀이 되는 건 어떨까?"

"너랑 나랑 갈라지자고?"

세나는 펄쩍펄쩍 뛰었다.

"아니! 과제만 따로 하자는 거야. 갈라지는 게 아니고……. 우리가 과학 실력이 부족한 건 사실이니까 부족한 건 도움을 받자는 거야."

"알았어."

세나는 그게 그 말이라고 생각했지만 서운함을 떨쳐 버리려고 애썼다. 가장 친한 친구가 원하는 일을 방해하고 싶지 않았다. 한편으로는 연하한테 이미 거절을 했는데 다시 같은 팀을 하자고 말하기가 부담스러웠다.

"근데 주노랑 같은 팀을 하기로 한 거야?"

"일단 네 생각을 물어본 거야. 이제부터는 나한테 맡겨!"

다정이는 그렇게 말하고는 쉬는 시간마다 주노와 연하의 자리를 찾아다녔다.

"가자, 세나야! 계획안 쓸 준비해야지!"

수업이 모두 끝난 뒤 다정이는 세나에게 자료실 번호표를 건넸다. 세나는 그것을 받아 들고 얼떨결에 자리에서 일어났다.

"자리가 꽉 차면 못 들어갈지 몰라서 미리 뽑아 온 거야."

다정이는 주노와 연하한테도 번호표를 나눠 주었다.

"우아! 빠른데?"

"이 정도야 기본이지!"

다정이가 주노와 이야기를 주고받으면서 연하에게 눈짓을 보

냈다. 그러자 연하는 세나에게 다가와 인사를 건넸다.

"고마워, 세나야. 잘해 보자!"

"응?"

"내 제안을 받아 줘서 고맙다고."

그제야 세나는 대강 상황이 어떻게 돌아가는지 알 수 있었다. 다정이가 쉬는 시간마다 주노와 연하 사이를 오가며 일을 꾸몄던 것이다.

'세나야, 제발!'

다정이가 눈으로 말했다. 세나는 피식 웃었다.

"고맙기는 뭘. 앞으로 잘해 보자."

세나는 연하에게 손을 내밀었다.

자료실의 컴퓨터는 일찍 온 아이들이 거의 차지하고 있었다.

"일단 방사능에 관한 책을 찾아서 읽어 보고 계획안을 어떻게 쓸 건지 방향을 정하자. 너희들 생각은 어떠니?"

자리를 잡고 앉기 전에 연하가 아이들에게 의견을 물었다.

주노와 다정이는 벌써 책을 보고 있었다. 세나는 의자에 가방을 내려놓고 도서 열람대로 향했다.

"이게 수학책이야? 과학책이야?"

다정이는 숫자와 원소 기호들로 빼곡한 책을 들춰 보다 놀라서 말했다. 눈앞이 캄캄한 건 세나도 마찬가지였다. 첫 장부터 죄다 어려운 용어들뿐이었다.

"아! 진짜 뭐가 이렇게 어렵냐? 난 이 기호들만 봐도 어질어질해."

다정이가 낮은 소리로 푸념을 내뱉다 문득 생각난 듯 말을 꺼냈다.

"안 되겠다. 우리 다 같이 그 화학자 아줌마한테 가 볼까?"

"퀴리 아줌마?"

"응."

"화학자? 너희가 화학자를 안다고?"

세나와 다정이가 속삭이는 말을 듣고 주노와 연하가 옆으로 다가왔다.

"쉿! 떠들 거면 나가라."

자료실 선생님이 주의를 주는 바람에 네 아이들은 자료실 밖으로 나왔다.

"자세히 좀 얘기해 봐. 그게 정말이야?"

"세나가 어제 공원에서 퀴리 아줌마라는 화학자를 만났대."

주노는 다정이의 말이 믿기지 않는지 세나를 돌아보았다. 세나는 아이들에게 공원에서 퀴리 아줌마와 바우를 만난 이야기를 들려주었다.

"나도 공원에서 강아지를 데리고 다니는 외국인 아줌마를 본 적 있어."

연하가 말했다.

"너도? 오늘 당장 공원에 가 보자. 세나야, 어때?"

다정이가 호기심 가득한 눈으로 세나를 바라보았다. 마침 아줌마가 산책을 나올 시간이었다. 네 아이들은 곧장 공원으로 향했다.

세나가 퀴리 아줌마와 바우를 만났던 벤치에는 다른 사람이 앉아 있었다. 세나는 공원 여기저기를 둘러보았다. 혹시나 바우가 종소리를 울리며 뛰어오지 않을까 싶어 귀를 쫑긋 세우기도 했다. 그러다 곧 앞쪽에서 자전거를 타고 오는 퀴리 아줌마와 바우를 발견했다.

"아줌마! 안녕하세요?"

세나는 퀴리 아줌마를 향해 반갑게 손을 흔들었다. 강아지를 앞 바구니에 태운 자전거가 가까이 오자 다른 아이들은 눈이 휘둥그레졌다.

퀴리 아줌마는 밑단을 끈으로 조이는 보라색 통바지와 연한 분홍색 개량 한복 저고리 차림이고, 바우는 분홍색 조끼를 입고 있었다. 게다가 둘 다 밀짚모자를 쓰고 있었는데, 모자의 리본에도 화학 원소 기호가 빼곡히 그려져 있었다.

"안녕? 세나야!"

"아줌마, 안녕하세요! 제 친구들이에요."

"안녕하세요?"

"오, 다들 만나서 반갑구나! 얘는 내 친구 바우란다."

퀴리 아줌마는 활짝 웃는 얼굴로 인사를 건네며 바우를 자전거에서 내려 주었다. 붙임성 좋은 바우가 꼬리를 흔들며 주위를 뱅글뱅글 돌았다.

아줌마의 자전거 짐칸에는 파란 채소 모종이 가득 담겨 있었다. 그걸 보고 세나는 약간 이상한 생각이 들었다.

"아줌마, 그 채소는 뭐예요?"

"아, 이거? 내가 유기농으로 직접 기르는 채소야. 오두막 연구소에 작은 텃밭이 있거든. 다 자라면 근처의 어린이집에 기증할 거야. 농사가 잘되면 시장에 내다 팔기도 한단다."

"오두막 연구소요? 거기가 어딘데요?"

"여기서 조금만 걸어가면 되는데, 구경 시켜 줄까?"

"네!"

네 아이들은 궁금증을 안고 퀴리 아줌마를 따라갔다.

오두막 연구소는 공원 뒤편으로 이어지는 낮은 언덕에 있었다.

"와!"

소나무 숲에 둘러싸인 오두막이 눈앞에 나타나자 모두들 탄성을 내뱉었다. 동화책에서 튀어나온 것처럼 작고 예쁜 오두막 옆에는 색색의 꽃들이 화사한 자태를 뽐내고 있었다. 그리고 한쪽에는 참외, 토마토, 오이, 가지 등이 주렁주렁 달린 텃밭이 펼쳐져 있었다.

"원래 이곳은 화학 비료와 농약을 많이 써서 더 이상 농작물을 생산할 수 없는 땅이었는데, 어렵사리 토질을 개선한 덕분에 지금은 무슨 식물이든 건강하게 잘 자란단다."

"토질이 뭔데요?"

"흙은 여러 가지 무기물과 유기물로 구성되어 있단다. 흙을 이루는 이 성분을 토질이라고 하는데, 오염된 땅에서 자란 식물을 사람이 먹으면 무서운 질병에 걸리고 말아. 하지만 **천연 비료를 쓰면 흙 속의 나쁜 성분이 사라져 안전한 먹을거리를 생산할 수 있단다.**"

퀴리 아줌마는 텃밭의 잡초를 한 줌 뽑아 들고 해맑은 미소를 지었다. 아줌마는 화학자라기보다는 영락없는 농부의 모습이었다. 주노는 그런 아줌마를 향해 의심스러운 눈길을 보냈다.

"저, 세나 말로는 아줌마 직업이 화학자라고 하던데요?"

"이렇게 농사도 지으면서 화학 연구를 하고 있단다."

"그럼 여기는……."

주노가 당혹스러운 얼굴로 뒤를 돌아보았다. 오두막 문 앞에는 '마리 퀴리 토양 연구소'라는 간판이 걸려 있었다. 네 친구는 어리둥절한 눈빛을 주고받았다.

"토양을 연구하는 것도 화학자가 할 일이란다. 여기에서 잠깐만 기다리렴."

퀴리 아줌마는 세나와 친구들을 화단 앞에 놓인 벤치로 안내하고 텃밭에 채소의 모종을 옮겨 심었다.

"저것 좀 봐! 개집도 오두막이랑 커플이야!"

다정이가 출입문 옆을 가리켰다. 꼬마 오두막에서 바우가 장난감 공을 물고 나왔다. 바우는 그 공을 세나 앞에 내려놓고 물끄러미 쳐다보았다.

"밥 달라는 신호야."

잠시 후 텃밭에서 나온 퀴리 아줌마는 연구소로 들어가 접시에 먹이를 수북이 담아서 나왔다. 바우는 코를 벌름거리더니 맹렬하게 달려들어 먹이를 먹기 시작했다.

"삶은 채소와 닭 가슴살을 섞어 만든 거야. 바우가 아주 좋아하는 음식이란다. 자, 이제 안으로 들어갈까? 나의 보물 창고를 구경시켜 줄게."

퀴리 아줌마가 한쪽 눈을 찡긋하며 연구소의 출입문을 열었다. 세나와 친구들은 또 한 번 두 눈이 휘둥그레졌다.

연구소의 절반은 실험실이 차지하고 있었다. 크고 작은 비커와 플라스크, 프리즘 등이 놓여 있는 테이블 뒤편에는 커다란 용광로가 설치되어 있었다. 두터운 유리 벽으로 가로막힌 실험실은 완전히 밀폐된 공간이었다.

네 아이들이 실험실에서 눈을 떼지 못하는 모습을 보고 퀴리 아줌마가 말했다.

"인류의 역사를 바꾼 소중한 두 요정이 이곳에서 태어났지."

"네? 그게 무슨 말씀이세요?"

세나와 다정이는 어리둥절한 표정을 지었다.

퀴리 아줌마는 그 요정들의 이름이 '폴로늄'과 '라듐'이라고 말하며 마치 꿈을 꾸는 것처럼 행복한 표정을 지었다.

"나에게는 더없이 아름답고 신비한 빛줄기를 가진 사랑스러운 요정들이지!"

"저곳에 들어가 봐도 돼요?"

세나와 다정이는 호기심에 들떠 실험실 안쪽을 들여다보았다. 그러자 퀴리 아줌마는 단호하게 고개를 저었다. 실험실 안에 있는 물건을 손으로 만지는 것은 물론 가까이 접근하는 것도 위험하다는 것이었다.

"아줌마는 저 안에서 신비의 빛줄기를 찾아냈다고 하셨잖아요?"

"난 괜찮아. 왜냐하면 그 요정들을 태어나게 한 엄마니까! 이제 그만 보고 이리 와 앉으렴."

퀴리 아줌마가 네 아이들을 책장이 있는 곳으로 안내했다. 테이블에는 방금 전 텃밭에서 따온 싱싱한 딸기가 놓여 있었다.

여전히 궁금증에 사로잡힌 세나는 아쉬운 눈길로 실험실을 돌아보았다. 어느 틈에 들어왔는지 바우가 유리문을 막아선 채 컹컹 짖기 시작했다. 그러자 아줌마가 바우를 향해 손뼉을 탁탁 쳤다. 바우는 꼬리를 내리고 바닥에 배를 깔고 앉았다.

"자, 우리 친구들이 나를 찾아온 이유를 들어볼까?"

퀴리 아줌마가 딸기를 권하면서 네 아이들을 둘러보았다.

"사실은 저희가 방사능을 주제로 과학 토론 경진 대회를 준비해야 되거든요."

"오케이! 내가 도움이 될 수 있다면 좋겠구나."

퀴리 아줌마의 시원한 대답에 아이들은 마음 편히 딸기를 집어 들었다. 크기도 들쑥날쑥하고 생긴 건 볼품없었지만 아줌마가 직접 농사지은 거라 그런지 아주 달고 맛있었다.

"모양은 별로 안 예쁘지만 몸에는 좋은 거란다. 자, 그럼 내가 뭘 도와주면 될까?"

퀴리 아줌마가 말했다.

"너희가 알고 싶은 문제가 어떤 건지 알아야 답을 주지!"

"그게…….

다정이가 우물쭈물하다가 세나를 쿡 찔렀다. 세나도 막상 질문을 하려니 무슨 이야기를 해야 할지 말문이 탁 막혔다. 방사능에 대해 많이 안다던 주노도 꿀 먹은 벙어리가 돼 버렸다.

"저희는 아직 준비가 안 되었어요. 죄송해요, 아줌마."

연하가 솔직하게 사정을 털어놓았다. 퀴리 아줌마는 연하의 말을 듣고 고개를 끄덕였다.

"오케이! 괜찮아. 대신 다음에는 너희가 계획안을 쓰기 위해 필요한 걸 찬찬히 생각해서 오면 돼. 질문지를 작성해 오면 더 좋고. 이곳은 언제나 열려 있단다."

"저희가 또 와도 돼요?"

"물론이지! 그리고 이건 너희들에게 주는 선물이야."

퀴리 아줌마가 네 아이들에게 작은 화분을 하나씩 건넸다. 연푸른색의 뾰족뾰족한 잎에서 나오는 달콤한 향기가 코끝까지 와 닿았다.

"허브야. 방사능으로부터 오염되는 것을 예방해 주는 식물이란다. 향을 맡으면 머리가 맑아지고 마음이 편안해지는 효과가 있어. 잎을 달여 마시면 소화도 잘 된단다. 물은 표면에 흙이 말랐을 때만 주면 돼."

"우아! 감사합니다!"

세나와 친구들은 화분을 각자 품에 안고 오두막을 나섰다. 오두막을 떠나는 게 아쉬운 듯 연하가 말을 꺼냈다.

"다음에는 준비를 철저히 해 가지고 와야겠어."

"퀴리 아줌마한테는 배울 점이 많을 것 같아. 우리 넷 다 챙겨 주시는 걸 보면 무지 친절한 분 같기도 하고."

주노도 처음 만난 퀴리 아줌마에게 호감이 가는 표정이었다. 아이들은 큰 숙제를 덜어 낸 기분으로 집으로 돌아갔다.

엄마의 달라진 식단

• 방사성 원소가 내는 빛은 방사선,
방사선을 방출하는 현상은 방사능이다 •

필이 삼촌이 외출했는지 집에는 엄마 혼자뿐이었다. 세나는 방에 화분을 들여놓고 엄마가 저녁 식사 준비를 하고 있는 주방으로 갔다. 그런데 뭔가 좀 이상했다. 엄마가 밥솥에 쌀을 안치면서 정체 모를 녹색 가루를 솔솔 뿌리고 있었다.

"엄마, 뭘 넣는 거야?"

"아, 이거? 다시마 가루."

"웩!"

세나는 질겁해서 엄마를 쳐다보았다.

세나가 해조류 중에 제일 싫어하는 게 다시마였다. 무엇보다 다시마를 젓가락으로 집을 때 미끌미끌한 느낌이 꺼림칙했다. 언니들도 다시마를 씹을 때 물컹거리는 기분이 이상하다고 질색하곤 했다. 그런데 엄마가 그 괴상한 음식을 밥에 섞다니!

아예 저녁을 굶지 않는 이상 다시마를 피할 도리가 없었다. 하지만 엄마는 으레 싫어할 줄 알았다는 듯 태연하게 말했다.

"다시마는 피를 맑게 하고 몸속에 쌓인 노폐물 찌꺼기와 독성을 배출시키는 효과가 있단다. 요즘같이 황사나 미세 먼지가 극성일 땐 먹기 싫어도 먹어야 돼."

세나는 황당했다. 얼마 전까지만 해도 텔레비전에 사람들이 황사 마스크를 쓰고 다니는 장면이 나오면, 다들 너무 호들갑을 떠는 게 아니냐고 말했던 엄마였다. 그런 엄마가 억지로라도 우리에게 다시마를 먹이려고 저 난리를 피우는 것이다.

가스레인지에서 미역국이 끓고 있었다. 달력을 확인해 보니 아무런 메모도 적혀 있지 않았다.

"오늘 누구 생일이야?"

"아니."

"근데 웬 미역국?"

"꼭 생일날만 미역국을 먹으란 법이 있니? 해조류는 다 몸에 좋은 거야."

엄마는 미역국이 끓는 동안 또 다른 해조류인 김을 굽고 파래 무침을 만들었다. 평소에는 잘 만들지 않는 브로콜리, 토마토 볶음과 낙지 찜까지 하느라 식탁을 차리는 데 시간이 꽤 걸렸다.

이윽고 식탁이 거의 다 차려질 때쯤 가족들이 모두 집으로 돌아왔다.

"밥이 왜 이래?"

"이상해!"

언니들이 밥 색깔을 보고 놀라서 한마디씩 했다.

"맛은 괜찮은데?"

"저도요, 형수님."

"너희들도 한번 먹어 봐. 이런 걸 웰빙 밥이라고 하는 거야."

아빠와 삼촌도 엄마 편을 들었다.

"맛없으면 안 먹을 거야."

언니들은 미심쩍은 표정으로 숟가락을 들더니 별다른 불평 없이 밥을 삼켰다. 그걸 보고 세나도 호기심에 녹색 밥을 한술 맛보았다. 신기하게도 다시마의 미끌미끌한 느낌이 거의 없어서 보통 밥과 차이를 느낄 수 없었다.

삼촌은 미역국에 밥을 말아서 후루룩 맛있게 먹었다. 엄마가 낙지 찜을 가족들에게 골고루 덜어 주면서 삼촌에게 물었다.

"위장병에 흰쌀밥이 안 좋다고 해서 현미에 다시마 가루를 좀 섞었는데 입맛에 맞는지 모르겠네요."

"네, 형수님. 안 그래도 병원에서 음식 조심하라는 얘기를 들었어요."

"음식을 잘 가려 먹으면 되니까 너무 걱정 마세요, 삼촌. 앞으로는 제가 신경 쓸게요."

"굳이 저 때문에 그러지 마세요. 애들 입맛에 안 맞을지도 모르는데……."

"형수가 시키는 대로 해. 이참에 우리 가족들 식습관도 바꾸고 좋지, 뭐."

삼촌이 곤혹스러운 표정을 짓자 아빠가 말했다.

잠자코 어른들의 이야기를 듣고 있던 세 자매는 눈을 동그랗게 떴다. 다시마, 파래, 김, 브로콜리, 토마토, 미역, 낙지. 알고 보니 오늘 식탁에 오른 음식이 모두 삼촌을 위한 것이었다.

엄마는 이제부터 가족들의 건강을 위해서 하루는 콩나물 밥, 하루는 무밥 등 매일 몸에 좋은 채소를 섞어서 밥을 지을 거라고 말했다.

가족들은 모두 찬성이었다. 엄마가 해 주는 음식은 다 맛있으니까 세나도 불만은 없었다. 하지만 아무래도 삼촌이 마음에 걸렸다. 삼촌한테 위장병이 있다는 건 처음 듣는 얘기였다.

"평소에 고기를 너무 좋아하고 인스턴트 음식을 즐겨 먹어서 위장에 병이 생긴 거야. 너희들도 미리미리 좋은 식습관을 길러두는 게 좋아. 특히 햄버거나 피자 같은 건 가끔씩만 먹어야 돼. 알았지?"

삼촌은 아무렇지 않은 듯 말했지만 세나는 가슴이 아팠다. 그런 줄도 모르고 엊그제 삼촌과 피자를 먹은 게 후회스러웠다.

저녁 식사 후 세나는 방에 있던 화분을 들고 삼촌 방으로 갔다. 삼촌에게 뭐라도 위로가 될 만한 선물을 하고 싶었다.

"로즈마리구나!"

삼촌은 허브의 이름을 단번에 알아맞혔다. 세나는 삼촌의 침대 밑에 화분을 놓았다.

"물은 내가 줄 테니까 신경 안 써도 돼, 삼촌. 잎이 좀 자라면 허브 차도 만들어 줄게!"

"허브 차도 만들 줄 알아?"

"간단해. 뜨거운 물에 잎을 넣기만 하면 돼. 허브 차는 머리를 맑게 하고 소화도 잘 되게 도와준대."

"오, 향기가 좋다! 너 자꾸 이렇게 삼촌을 감동시킬래?"

삼촌이 허브 향을 맡으며 너스레를 떨었다. 삼촌의 책상 위에는 약봉지가 놓여 있었다. 그걸 보고 다시 시무룩해진 세나에게 삼촌이 말했다.

"세나야, 삼촌은 큰 병에 걸린 게 아니야."

"정말이지?"

"그럼! 병원 치료 잘 받고 있으니 걱정 마라."

삼촌이 세나를 안심시키며 환한 미소를 지어 보였다.

과학 토론 경진 대회가 2주 앞으로 다가왔다. 그 전에 계획안을 제출하려면 시간이 촉박했다. 아이들은 방과 후에도 교실에 남아서 팀별로 계획안을 준비했다. 세나와 연하는 머리를 맞대고 퀴리 아줌마에게 물어볼 질문들을 적어 내려갔다.

"일단 방사능이 무엇인지 알고 싶다고 적어야겠지?"

"딩동댕! 나도 그게 제일 중요하다고 생각해. 그리고 이건 어때?"

세나는 공책을 연하에게 보여 주었다.

"방사능은 우리 생활과 어떤 관계가 있나요? 오케이! 이 질문도 통과!"

연하가 세나의 공책을 소리 내어 읽고는 질문에 포함시켰다. 둘이서 생각한 질문을 거의 다 적었을 때쯤 주노와 다정이가 옆으로 다가왔다.

"아직 멀었어?"

"우린 다했는데."

"딩동댕! 우리도 다했어."

"오케이! 그럼 오두막 연구소로 출발!"

세나와 아이들은 자기들도 모르게 퀴리 아줌마의 말투를 닮아 가고 있었다.

"질문이 많이 겹치는구나. 방사능을 이해하려면 먼저 알아 두어야 할 것들이 있단다."

세나 팀과 다정이 팀의 질문지를 꼼꼼히 훑어보고 퀴리 아줌마가 말했다.

"혹시 엑스레이 촬영이라는 말을 들어 본 적 있니?"

"병원에서 사진 찍는 거죠?"

"그래, 주노 말이 맞다. 엑스레이 촬영은 우리 몸속을 관찰해서 이상이 생긴 부분을 알아내는 진단 방법이야. 이때 어떤 보이지 않는 광선이 우리 몸을 일직선으로 투과하여 내부를 비쳐 보게 하는데, 그 광선을 X선이라고 한단다."

"전 달리기 하다가 넘어져서 엑스레이 사진을 찍었던 적이 있어요."

세나가 불쑥 손을 들고 말했다.

"음, 그랬구나. 많이 아팠어?"

"네. 처음엔 걷기도 힘들었는데 의사 선생님이 사진을 찍어 보더니 괜찮다고 했어요."

세나는 그때 아빠가 자신을 업고 병원에 갔던 일을 떠올렸다. 엄마는 세나의 다리뼈가 부러지기라도 했을까 봐 속상해서 울기까지 했다.

"다행이구나. 너희는 아직 뼈가 약할 나이라 항상 조심해야 돼."

퀴리 아줌마가 말했다.

"실은 오늘 바우도 엑스레이를 찍었단다."

"바우도요?"

세나와 아이들은 거실 바닥에 엎드려 있는 바우를 돌아보았다. 바우는 오늘따라 기운이 하나도 없어 보였다.

"기침이 심해서 동물병원에 데려갔더니 기관지가 좁아져서 그런다는구나. 폐렴이면 어쩌나 걱정했는데 체중 조절만 잘하면 정상으로 돌아온대. 지금은 약 먹고 졸려서 저러고 있는 거야. 만일 이 세상에 엑스레이가 없다면 바우는 물론이고 세나도 엉뚱한 수술을 받고 고생했을지도 몰라."

"왜요, 아줌마?"

"엑스레이가 의학의 도구로 쓰이게 된 건 1895년 뢴트겐이라는 과학자가 X선을 발견하고 나서부터야. 그전까지는 눈에 보이지 않는 질병을 알아낼 방법이 없었단다. 대다수의 의사들이 병명이 확실히 밝혀지지도 않은 상태에서 환자의 몸 안을 들여다보기 위해 무조건 칼을 대는 경우가 많았지."

세나는 상상만으로도 끔찍했다. 퀴리 아줌마 말대로라면 그때 엑스레이를 찍어 보지 않았으면 뼈가 부러지지도 않았는데 수술실로 실려 갔을지도 모른다.

"아줌마, 그런데 X선과 방사선은 방사능과 어떤 관계가 있는 건가요?"

연하가 물었다. 세나도 그게 궁금했다. 방사능에 대해 검색하다 보면 자주 나오는 단어가 방사선과 X선이었다.

"쉽게 말해서 X선은 방사선의 일종이야. 뢴트겐이 X선을 발견한 이후 많은 과학자들이 이 분야에 대한 연구를 시작했단다. 그중에 베크렐이라는 과학자는 우라늄 원소에서 X선과 비슷한 광선이 나온다는 사실을 발견했지. 그것을 방사선이라고 하는 거야."

"그럼 방사능은요?"

원소 주기율표

"저길 보렴."

퀴리 아줌마는 잠시 말을 멈추고 연구실 벽면에 붙은 표를 가리켰다. 전에 아줌마와 바우가 입고 있던 옷에 그려진 기호들이 적혀 있는 표였다.

"이건 원소 주기율표라고 한단다. 우라늄을 뜻하는 원소 기호는 U야. 더 이상 쪼개지지 않는 물질의 최소 단위를 원소라고 하는데, 원소는 현재까지 발견한 종류만 100가지가 넘는단다. 이 중 몇몇 원소는 방사능을 가지고 있어서 방사성 원소라고 하지.

Ra(라듐), Po(폴로늄)은 어디에 있을까?

*대한화학회 홈페이지에서 제공하는 주기율표를 따랐습니다.

이처럼 **방사성 원소가 내는 빛을 방사선이라고 해. 그리고 방사성 원소가 방사선을 방출하는 현상을 방사능이라고 하고.**"

"그럼 X선과 마찬가지로 방사선도 눈에 보이지 않는 건가요?"

"딩동댕! 연하 말이 맞다. 그러니까 이 광선을 신비의 빛줄기라고 하는 거란다. X선이나 방사선은 햇빛이 비치지 않아도 스스로 빛을 낸단다. 나무와 종이, 금속 같은 두꺼운 물질도 통과하고 어둠 속에서도 빛을 내지."

"아줌마, 그런데 눈에 보이지도 않는 광선을 어떻게 발견하죠?"

주노가 물었다.

"저기 있는 검은색 광석이 보이지?"

퀴리 아줌마는 실험실 테이블에 놓인 돌덩이를 가리켰다.

"역청 우라늄광이야. 신비의 빛줄기가 저 안에서 나온단다."

세나와 친구들은 입이 떡 벌어져서 퀴리 아줌마를 쳐다보았다. 겉으로 보기에는 그저 평범한 검은색 돌덩이 같은데, 어떻게 저런 돌에서 방사선이 나오는 걸까?

"양은 조금씩 다르지만 방사선을 내는 물질은 저것 말고도 여러 가지가 있단다. 토륨이라는 금속도 그중 하나야."

"돌이나 금속에서 방사선이 나온다고요?"

다정이가 화들짝 놀란 얼굴을 했다. 무심코 밟고 지나칠 수도 있는 돌멩이나 쇠붙이에서 방사선이 나온다고 생각하니 세나도 소름이 끼쳤다.

"그렇게 하려면 복잡한 화학 처리 과정을 거쳐야 해. 돌멩이나 금속 자체만으로는 위험할 정도로 많은 양의 방사선이 방출되는 건 아니니까 걱정 안 해도 돼. 그리고 방사선이라고 해서 무조건 위험한 게 아니란다."

퀴리 아줌마는 얼굴에 빙그레 웃음을 띠고 설명을 이어 갔다.

"방사선은 우리 몸의 질병을 진단하는 데 외에도 쓰임새가 다양하단다. 채소나 과일에 방사선을 쬐어 주면 오랫동안 싱싱한 상태를 유지할 수 있지. 공항의 검색 장치에도 방사선이 쓰인단다. 방사선 장비를 활용하여 고대 이집트의 미라나 선사 시대의 고인돌이 만들어진 연대를 알아낼 수도 있지."

세나의 궁금증은 다시 처음으로 돌아갔다. 그렇다면 방사능은 사람들에게 도움을 주는 게 분명한데 어째서 위험하다고 하는 건지 이해가 되지 않았다.

"그런데 아줌마, 방사능이 환경을 오염시키고 사람과 동물을 죽게 만든 건 무엇 때문이에요?"

"그건 사람들이 관리를 잘못했기 때문이야. 세나야, 이 서랍 좀 열어 볼래?"

세나는 퀴리 아줌마 앞에 있는 서랍을 열어 앨범을 꺼냈다.

앨범에는 토마토, 오이, 귤, 무 등을 찍은 사진이 들어 있었다. 세나와 아이들은 앨범을 넘겨보면서 소리를 질렀다. 토마토에는 주렁주렁 혹이 달려 있었고 오이는 몸통에서 줄기가 자라고 있었다. 귤은 반쪽만 노란색이고 나머지는 기분 나쁜 푸른빛을 띠고 있었다. 무는 몸통이 통통 부은 손처럼 다섯 갈래로 갈라져서 보기에 흉측했다.

"전부 방사능에 오염된 과일과 채소란다. 사람이 먹으면 절대 안 되는 죽음의 식품이지."

퀴리 아줌마의 심각한 말투에 다정이는 겁을 먹었다.

"그러니까 방사능은 처음부터 발견하지 말았어야 해요. 아니다! 그러면 암 환자를 치료할 수가 없는데……."

"그건 이제부터 우리 모두가 풀어야 할 숙제야. 특히 과학자는 인내와 자신감을 가져야 하지. 아줌마가 할 일이 있는데, 오늘은 여기까지만 할까?"

퀴리 아줌마가 벽시계를 올려다보았다. 어느덧 집에 돌아갈 시간이었다. 세나와 아이들은 곧장 오두막을 나왔다.

한꺼번에 너무 많은 이야기를 들어서 그런 걸까? 세나는 오늘따라 머릿속이 혼란스럽기만 했다.

삼촌의 수술

• 원자력 발전은 천천히 에너지가 일어나고 원자 폭탄은 한꺼번에 에너지가 방출된다 •

필이 삼촌이 병원에 입원했다. 아빠는 삼촌을 간병하기 위해 회사에 휴가를 냈다. 세나도 병원에 따라가려고 했지만 엄마가 절대 안 된다고 했다.

"다행히 암세포를 일찍 발견해서 치료가 쉽게 끝난다고 하니까 넌 들어가서 숙제나 해."

세나는 엄마의 말에 가슴이 철렁했다.

필이 삼촌이 암이라니! 암에 걸린 삼촌을 두고 숙제를 하라니! 암이 무서운 병이라는 건 세나도 안다. 엄마는 삼촌이 위암 초기라 수술하면 곧 나을 수 있다고 했지만 세나는 그런 말이 귀에 들어오지도 않았다.

아픈 삼촌에게 문병을 못 가게 하는 엄마가 원망스럽기만 했다. 세나는 숙제를 하다 말고 책상에 엎드려 펑펑 울었다. 삼촌이 불쌍해서 눈물이 났고 암이라는 게 무서워서 울고 또 울었다.

꿈을 꾸는 것도 아닌데 무서운 장면들이 세나의 눈앞에 어른거렸다. 이러다 삼촌이 죽는 건 아닐까? 급기야 세나는 주방으로 뛰쳐나갔다.

"얼굴만 잠깐 보고 오면 되잖아!"

"나중에 봐. 지금은 삼촌이 힘들어서 안 돼. 수술 끝나면 데려갈게."

엄마는 채소 죽을 만들다 말고 눈이 퉁퉁 부은 채 울고 있는 세나를 끌어안았다.

"삼촌이 얼마나 힘든데?"

"수술 준비하려면 피곤하다는 얘기야."

엄마의 위로도 세나의 걱정을 덜어 주지는 못했다. 삼촌한테 직접 괜찮다는 말을 듣고 싶었다.

삼촌, 뭐 해?

세나는 필이 삼촌한테 문자 메시지를 보냈다. 그런데 아무리 기다려도 삼촌이 답장을 보내지 않았다. 불안한 마음에 세나는 아빠한테 전화를 걸었다.

"삼촌은 지금 검사 중이라 메시지 확인을 못 할 거야."

"아빠, 삼촌은 수술하면 다 낫는 거지?"

"당연하지! 아빠가 세나한테 전화 왔었다고 전해 줄게."

"수술은 언제 끝나?"

"내일 오전 중에 끝날 거야. 걱정 말고 푹 자렴."

다행히 아빠의 목소리가 밝았다.

통화를 하고 나니 세나는 조금 안심이 되었다. 세나는 삼촌 방에 들어가 허브 화분을 살펴보았다. 이파리에서 향긋한 허브 향이 풍겨 나왔다. 허브는 어느새 키가 자라 있었다.

'삼촌이 퇴원하면 허브 차를 만들어 줘야지.'

세나는 허브의 흙이 좀 마른 것 같아 욕실로 들고 가서 물을 듬뿍 주었다.

세나야, 미안! 삼촌이 문자를 늦게 봤어.

오늘은 삼촌도 일찍 자야 되니까 내일 통화하자. 사랑해!

방으로 돌아왔더니 삼촌의 메시지가 와 있었다. 세나는 조마조마했던 마음을 떨쳐 내고 침대에 누웠다.

다음 날, 세나와 아이들은 방과 후에 오두막 연구소로 향했다. 퀴리 아줌마는 텃밭을 돌보고 있었다. 챙이 넓은 모자를 쓰고 낡은 티셔츠에 작업복 바지를 입고 장화를 신은 아줌마는 누가 봐도 농사꾼이었다.

"퀴리 아줌마가 밖에 나올 때에는 패션이 끝내줘! 자전거도 얼마나 잘 타시는지 몰라."

세나는 아이들이 아줌마를 이상하게 볼까 봐 묻지도 않은 걸 설명했다. 그때 퀴리 아줌마가 노란 참외가 한가득 담긴 바구니를 들고 텃밭을 나왔다.

"왔니? 비 온 뒤라 땅이 미끄러워. 조심해야 돼."

"저희가 들어 드릴게요. 이리 주세요."

연하와 주노가 텃밭으로 뛰어가는 걸 보고 바우가 컹컹 짖어 댔다.

"그러지 마, 바우야. 우리 집에 온 손님이잖아."

퀴리 아줌마가 손뼉을 탁탁 두 번 치자 이번에도 바우는 바로 꼬리를 내리고 앉았다. 바우는 아줌마의 머리띠와 똑같은 문양이 있는 스카프를 목에 두르고 있었다. 세나는 아줌마와 바우의 커플룩에 익숙해졌지만 세 아이들은 아직 적응이 안 되는 듯 멀뚱한 표정이었다.

"펜션에 놀러온 것 같아!"

세 아이들이 주변을 돌아보며 새삼스레 감탄했다. 그러는 동안 퀴리 아줌마는 수돗가에서 참외를 뽀득뽀득 소리 나게 씻었다. 세나는 아줌마가 깨끗한 참외를 여러 번 씻는 모습을 의아한 눈길로 쳐다보았다.

"아줌마네 텃밭에서 키우는 건 유기농이라면서 왜 그렇게 오래 씻어요?"

"천연 비료를 쓴다고 백 퍼센트 안전한 건 아니란다. 방사능 물질이 섞인 빗물이 내릴 수 있기 때문이야. 게다가 요즘은 미세먼지가 극성이라 뭐든 잘 씻어 먹어야 돼."

세나도 아줌마를 돕고 싶었지만 아줌마는 왠지 세나가 가까이 다가오는 게 부담스러운 것처럼 말했다.

"금방 들어갈 테니 친구들이랑 얘기하고 있으렴."

세나와 아이들은 연구소 안에 들어가 퀴리 아줌마를 기다렸다.

"아, 심심해!"

주노가 실험실 앞을 기웃거리다 초록색 버튼을 향해 의미심장

한 눈빛을 던졌다.

"살짝 한번 눌러 볼까?"

세나와 아이들은 침을 꼴깍 삼켰다.

"안에 들어가는 것도 아닌데, 뭐 어때?"

"아줌마가 들어오시면 어쩌려고 해?"

"잠깐만."

연하가 창밖을 내다보면서 작은 소리로 말했다.

"아직도 참외를 씻고 계셔. 버튼을 누르면 어떻게 되는지 그것만 확인하자."

"알았어."

주노는 말이 끝나기 무섭게 버튼을 눌렀다.

그러자 놀라운 광경이 펼쳐졌다. 실험실 유리 벽이 커다란 스크린으로 변하더니 흑백 영상이 나타나기 시작했다.

"뭐지?"

외국의 어느 전쟁터로 보이는 곳에서 수십 명의 간호사들이 병사들을 치료하고 있었다. 부상당한

병사들이 피를 흘리며 누워 있는 곳에 '방사선 치료 부대'라는 플래카드가 걸려 있었다. 세나와 아이들은 방사선 치료 부대의 책임자로 보이는 갈색 머리 여자를 뚫어져라 쳐다보았다.

"저 사람, 누구 닮은 것 같지 않니?"

"머리 모양이 퀴리 아줌마랑 비슷한데? 에이, 설마!"

"아니야. 퀴리 아줌마보다 나이가 훨씬 많아 보이잖아."

"맞아. 그리고 엄청 옛날 같아."

세나와 아이들은 다시 화면으로 눈을 돌렸다. 구급차 안에는 엑스레이 사진을 찍는 장비가 갖춰져 있고, 갈색 머리 여자가 병사들의 사진을 찍기 시작했다.

사진을 찍은 병사는 잠시 후 들것에 실려 나왔다. 갈색 머리 여자는 군복을 입은 의사에게 뭐라 설명을 하고는 다시 구급차 안으로 들어갔다. 수도 없이 많은 병사들이 들것에 실려 구급차 안에 들어갔다가 나오기를 반복했다.

"얌전히 있어, 바우야."

그때 퀴리 아줌마의 목소리가 들렸다.

세나와 아이들은 화들짝 놀라서 출입문을 바라보았다.

"야, 빨리 꺼!"

"어떻게 끄지?"

"몰라. 그냥 버튼을 또 눌러 봐."

주노가 연하 말대로 버튼을 한 번 더 눌렀다. 그러자 신기하게도 화면 속 영상이 감쪽같이 사라져 버렸다.

이윽고 퀴리 아줌마가 연구소 안으로 들어왔다. 아줌마는 참외를 깎아서 쟁반에 담아 가지고 왔다. 세나와 아이들은 아무 일도 없었던 듯 시치미를 떼고 자리에 앉아 있었다.

"오케이! 먹으면서 이야기하자. 오늘은 궁금한 게 뭐지?"

"방사능이 어떻게 에너지를 만들어 내는지 알고 싶어요."

연하가 먼저 말을 꺼냈다.

"방사능이란 라듐, 우라늄, 토륨 같은 원자의 중심에 있는 핵이 방사선을 사방으로 내뿜는 것을 말한단다. 방사선이 다른 원자의 핵에 부딪치면 핵이 쪼개지면서 새로운 방사선을 만들고, 다시 그 방사선이 다른 핵에 부딪치는 반응이 연쇄적으로 일어나 짧은 시간에 엄청난 에너지를 만들어 내지. 이것을 핵분열이라고 한단다."

"그럼 원자력 발전소에서는 핵분열로 에너지를 만드는 건가요?"

주노가 물었다.

"그렇지. 원자력 발전은 핵분열에서 나온 에너지로 물을 끓이기 때문에 화력 발전의 원리와도 비슷해. 핵분열 에너지로 물을 끓이고, 그때 나온 증기로 발전기를 돌려 전기를 만들어 낸단다."

"핵분열은 원자 폭탄과 관계가 있는 거죠?"

주노가 다시 질문했다.

"맞아, 같은 원리야. 원자력 발전은 반응 속도를 조절하여 천천히 에너지가 일어나도록 하는 것이고, 원자 폭탄은 한꺼번에 에너지가 방출되는 거지."

"네? 정말요?"

세나와 다정이가 동시에 말했다.

"원자 폭탄은 인간의 탐욕이 빚어낸 비극이지. 하지만 이것만은 진실이란다. 방사능의 원래 목적은 인류의 평화와 행복을 추구하는 데 있었다는 것 말이야. 그건 누구도 부정할 수 없어. 누구도."

퀴리 아줌마는 허공을 응시했다. 세나는 문득 아줌마의 손에 눈길이 갔다. 이상하리만치 앙상하고 쪼글쪼글한 손이었다.

"저, 여쭤볼 게 있는데요."

연하가 조심스럽게 입을 열었다.

"오케이! 말해 보렴!"

퀴리 아줌마는 어느새 밝은 표정으로 돌아와 연하를 바라보았다.

"제가 방사능에 대한 자료를 찾다 이상한 걸 발견했어요. 사람의 몸에서도 방사선이 방출된다고 하던데, 그게 정말인가요?"

"딩동댕! 방사선은 어디에나 있단다. 공기 중에도 있고 태양, 대지, 암석, 먹을거리, 바닷물, 우리가 숨 쉬고 살고 있는 모든 환경에서 방사선이 방출되지. 우리 몸속에도 있단다. 이런 걸 자연 방사선이라고 하는데 우리 몸에서 나오는 방사선은 아주 적은 양이라 인체에 해로울 정도는 아니란다."

"원자력 발전소에서 나오는 방사선은 자연 방사선이 아닌 거죠?"

"오케이! 그건 인공 방사선이라고 한단다."

"자연 방사선보다 인공 방사선이 더 위험한 건가요?"

"꼭 그렇지만은 않아. 인공 방사선은 에너지를 만들기도 하지만 인간의 생명을 살리는 데에도 결정적인 역할을 한단다."

"어떻게요?"

"제1차 세계 대전 때 방사선 치료 부대라는 자원 봉사단이 전쟁터로 나갔어. 그때 방사선 치료 부대는 방사선을 이용하여 백만 명 이상의 부상병을 치료했단다."

"네? 백만 명이나요?"

"방사선으로 어떻게 그 많은 사람을 치료할 수 있어요?"

세나와 아이들은 좀 전에 스크린을 통해서 보았던 영상을 떠올리며 서로의 얼굴을 마주보았다. 하지만 그것을 몰래 봤다고 아줌마에게 말할 수는 없어 눈만 끔뻑거렸다.

"수술이 급한 부상병에게는 시간이 곧 생명이란다. 환자가 부

상당한 부위를 정확히 알기만 해도 치료 시간을 몇 배는 더 절약할 수 있지. 그런데 아무리 유능한 의사라도 총알이 박힌 자리를 정확히 가려낼 수는 없어. 이럴 때 엑스레이는 의사의 눈이 되어 환자의 몸속을 환히 비춰 주는 역할을 한단다."

퀴리 아줌마가 뿌듯한 표정으로 세나와 아이들을 빤히 쳐다보았다.

"어때? 지금도 방사능이 그렇게 위험하게만 보이니?"

"아니오!"

네 아이들이 한 목소리로 대답했다. 그중에서도 다정이의 목소리가 제일 컸다. 다정이는 뭔가 중대한 결심을 한 듯 목소리에 힘을 주고 말했다.

"저도 과학자가 되고 싶은데요. 이제부터라도 열심히 공부하면 될까요?"

"그럼! 하지만 훌륭한 과학자가 되려면 공부보다 더 중요한 게 있단다."

퀴리 아줌마가 말했다.

"오만한 마음으로 깨친 지식은 오히려 세상에 해를 끼칠 뿐이지. 과학의 본질과 목적을 항상 되뇌고 있어야 해. 과학의 본질과 목적은 바로 우리 모두를 행복하게 만드는 것이란다."

세나는 아이들과 함께 언덕길을 내려오면서 퀴리 아줌마가 했던 이야기를 곰곰 떠올려 보았다.

"퀴리 아줌마랑 얘기하면 뭔가 빨려 들어가는 것 같지 않니?"

다정이가 아이들을 돌아보았다.

"맞아."

"나도 그래."

"고맙다, 세나야."

웬일로 주노가 세나에게 고맙다는 말을 했다.

"뭐가?"

"퀴리 아줌마 같은 분을 소개해 줘서."

[화학의 역사를 새로 쓴 마리 퀴리]
• 폴란드의 이름을 따 원소의 이름을
폴로늄이라 짓다 •

오늘은 개교기념일이지만 세나는 다른 날보다 일찍 일어났다. 필이 삼촌이 수술을 끝내고 일반 병실로 옮겼다는 소식에 아침부터 마음이 바빴다.

"병실에 다른 환자들도 있으니까 소란을 떨면 안 돼. 알았지?"

"당근이지!"

세나는 죽을 담은 도시락을 들고 엄마를 따라나섰다. 삼촌이 입원한 지 사흘밖에 안 지났는데 몇 달은 더 된 것 같았다.

세나는 병원 입구에서부터 가슴이 두근거리기 시작했다. 환자복을 입고 휠체어를 타거나 머리에 붕대를 감은 사람들이 지나칠 때마다 기분이 무거웠다. 엘리베이터에서 침대에 누운 환자를 보았을 때는 차마 눈을 뜰 수가 없었다. 그 환자의 침대 시트에 피가 묻어 있는 것 같기도 했다.

삼촌은 어떻게 하고 있을까?

세나는 환자복을 입은 삼촌의 모습이 머릿속에 그려지지 않았다. 이윽고 엘리베이터가 7층에 멈췄다.

"내리자."

세나는 도시락을 꼭 끌어안고 엄마를 따라갔다. 복도 끝에 있는 4인용 병실 문에 필이 삼촌의 이름이 적혀 있었다. 커튼을 걷어 젖히자 침대에 기대앉아 있는 삼촌의 모습이 보였다.

"삼촌."

세나는 갑자기 눈물이 핑 돌았다. 말끔한 환자복 차림으로 책을 읽고 있는 삼촌을 보자 반갑고 서러운 마음이 한꺼번에 몰아쳤다.

"삼촌이 많이 보고 싶었구나?"

삼촌이 환하게 웃으면서 침대에서 내려왔다.

"옆에 환자가 주무시니까 밖으로 나가자."

"그래도 되겠어요, 삼촌?"

"전 말짱해요, 형수님. 가자, 세나야."

삼촌이 링거 대를 이끌고 앞장서서 병실을 나왔다. 세나는 휴게실로 가는 동안 링거 주머니가 떨어질까 조마조마했지만 삼촌은 아무렇지 않은 듯 휘적휘적 잘도 걸었다.
"삼촌, 이제 다 나은 거야?"
"이제 방사선 치료가 두 번 남았어."
"수술만 하면 된다면서?"
세나는 놀란 눈으로 엄마를 쳐다보았다.

"방사선 치료는 암세포를 완전히 없애서 재발하지 않게 하려는 거야. 두 번이면 끝나. 삼촌이 퇴원하면 같이 놀이동산에 가자!"

삼촌의 환한 미소에도 세나는 마음이 한없이 무겁기만 했다.

점심시간이 지나자 아빠가 병원에 왔다. 엄마는 일이 바빠서 회사에 들어가 봐야 한다고 했다. 세나는 삼촌과 좀 더 있고 싶었지만 엄마 손에 떠밀려 병실을 나왔다.

"아빠는 삼촌의 보호자라서 의사 선생님을 만나려고 온 거야. 좁은 병실에서 애들이 자꾸 왔다 갔다 하면 보기 안 좋아."

엄마는 세나를 집 앞에 내려 주고 회사로 갔다.

집에 들어가 봤자 아무도 없을 시간이어서 세나는 다시 발길을 돌려 공원으로 향했다. 어쩌면 퀴리 아줌마가 바우를 데리고 산책을 나왔을지도 몰랐다. 세나는 아줌마를 만나면 물어볼 게 있었다.

정말 방사선 치료가 삼촌의 병을 낫게 할 수 있을까?

오늘따라 공원에 강아지들이 많았다. 그 속에서 바우를 찾는 것보다 어디에서든 톡톡 튀는 퀴리 아줌마를 찾는 게 더 빠를 것 같았다. 세나는 공원을 한 바퀴 돌면서 키가 큰 말총머리 아줌마를 찾았다. 역시 예상은 빗나가지 않았다.

"퀴리 아줌마!"

세나는 농구대 앞에서 퀴리 아줌마를 발견하고 반갑게 손을 흔들었다. 파란 자전거의 바구니에 타고 있던 바우가 아줌마보다 먼저 세나를 알아보고 두 발을 높이 들었다.

"오늘은 수박이 됐구나!"

세나는 빨간 바탕에 수박씨가 그려진 옷을 입은 바우를 번쩍 안고 장난을 쳤다. 농구 연습을 하는 퀴리 아줌마의 가슴에도 시원한 수박 한 덩이가 그려져 있었다.

"오늘 학교에 안 간다더니, 어딜 다녀오는 길이니?"

"삼촌이 수술해서 병원에 갔다 왔어요."

"그랬구나."

퀴리 아줌마가 농구공을 내려놓고 세나 앞으로 다가왔다.

"아줌마, 방사선으로 위암도 고칠 수 있나요?"

세나는 말하면서 가슴이 울컥했다. 퀴리 아줌마는 그런 세나를 벤치에 앉게 하고 상냥하게 말을 건넸다.

"너무 걱정하지 마, 세나야. 방사선은 특히 암 환자를 치료하는 데 뛰어난 효과가 있단다."

순간 세나의 귀가 번쩍 뜨였다.

"그럼 저희 삼촌이 다시 건강해질 수 있는 거죠?"

"암이 아주 늦게 발견한 것이 아니라면 충분히 완치가 가능하

지!"

"어떻게요?"

"치료 시기를 놓쳤을 때에는 암세포가 다른 장기로 퍼져서 곤란하지만, 암세포를 초기에 발견하면 방사선의 강력한 에너지를 이용해 문제가 되는 세포를 제거할 수 있어."

엄마 아빠도 삼촌이 암세포를 일찍 발견해서 다행이라고 했지만 세나는 퀴리 아줌마의 설명을 듣고 비로소 마음이 놓

였다.

계획안을 제출하는 날이 사흘 앞으로 다가왔다.

수업이 모두 끝난 후 아이들은 자료실로 가거나 교실에 남아서 계획안을 작성했다.

"우리는 어디로 갈까?"

"이제 자료는 모을 만큼 모았으니까 정리해 보자."

다정이와 주노가 교실 한 구석에 자리를 잡고 앉았다.

세나도 연하에게 의견을 물었다.

"우리도 자료 정리부터 할까?"

"글쎄……."

연하는 선뜻 결정을 못 하고 머뭇거렸다.

"세나야, 너 혹시 폴로늄과 라듐에 대한 자료를 갖고 있니?"

"그건, 왜?"

"폴로늄과 라듐이 방사능과 관계있는 물질인 건 확실한데, 검색해 본 내용만으로는 이해가 잘 안 돼. 좀 더 구체적으로 알면 계획안을 쓰는 데 도움이 될 것 같아서 그래."

연하가 말했다.

세나는 왠지 그 이름이 낯설지가 않았다. 하지만 정확히 그게 무엇인지는 기억이 잘 나지 않았다. 그러자 주노가 끼어들어 딴죽을 걸었다.

"넌 여태 그것도 몰랐냐? 폴로늄, 라듐! 둘 다 우라늄에서 분리된 원소 이름이잖아."

"그 정도는 나도 알아."

연하가 말했다.

"그럼 됐지! 뭐가 문젠데?"

"됐어. 너랑 나랑은 한 팀도 아니니까 신경 끄시지."

연하는 무뚝뚝하게 말하고 입을 닫아 버렸다.

폴로늄, 라듐……. 세나는 뭔가 떠오를 듯 말 듯 기억의 조각들이 오락가락하는 통에 머릿속이 하얘졌다.

"연하는 그게 어떻게 우라늄에서 분리되었는지, 그리고 그게 우리가 쓰는 계획안과 무슨 상관이 있는지 알아보려는 거잖아."

보다 못한 다정이가 연하를 편들고 나섰다.

그때 세나는 반짝 하고 떠오르는 게 있었다. 처음 오두막 연구소에 갔을 때 퀴리 아줌마가 얘기했던 두 요정!

"연하야, 기억 안 나? 신비의 빛줄기 말이야!"

"아, 맞다! 퀴리 아줌마의 실험실에서 태어났다는 요정들! 그때 우리가 실험실에 들어가게 해 달라고 아줌마한테 떼를 썼잖아."

"그래, 그거야!"

연하는 기뻐하며 세나에게 물었다.

"퀴리 아줌마를 한 번 더 찾아가도 될까?"

"좋아! 아줌마가 언제든 와도 된다고 했잖아."

"우리도 같이 가자."

다정이가 주노를 쳐다보았다. 그러자 주노는 못마땅한 눈으로 연하를 흘깃 보고는 퉁명스럽게 내뱉었다.

"됐어. 우리 팀은 쓸거리가 충분해."

퀴리 아줌마는 바우를 무릎에 앉힌 채 오두막 연구소의 야외 테이블에서 차를 마시고 있었다. 세나는 아줌마와 바우의 모습이 평소와는 다른 게 이상했다.

"오늘은 왜 커플룩을 안 입으셨어요?"

"잘 살펴보렴."

퀴리 아줌마가 장난기 가득한 표정을 지어 보였다. 아줌마는 트레이닝복 차림인데 바우는 옷을 입지 않았다. 바우는 방울과 장신구도 달지 않았다.

"이래도 모르겠어?"

퀴리 아줌마가 양손으로 바우의 앞발을 들어 보였다. 아줌마는 그 작은 바우의 발톱에 빨간색과 흰색 매니큐어를 칠해 놓았다. 샌들을 신은 아줌마의 엄지발가락에도 같은 무늬가 그려져 있었다.

"폴란드 국기가 이렇게 생겼단다."

세나는 아줌마의 표정이 너무 진지해서 웃음이 나오려는 것을 참았다. 그러고는 연하와 함께 찾아온 이유를 말했다.

"폴로늄과 라듐에 대해서 알고 싶다고?"

허브 차를 따라 주는 퀴리 아줌마의 눈가에 희미한 미소가 어렸다.

"네, 아줌마. 뭐든지 다 말씀해 주세요."

연하가 공손하게 말했다.

퀴리 아줌마는 천천히 차를 한 모금 마시고 이야기를 시작했다.

"폴로늄과 라듐의 시작은 역청 우라늄광이란다."

"실험실에 있는 그 돌덩이요?"

"기억하고 있구나."

퀴리 아줌마가 세나의 물음에 고개를 끄덕였다.

"역청 우라늄광은 도자기나 유리의 중요한 원료로 사용되는 우라늄 원소를 함유하고 있단다. 우라늄은 방사선을 내뿜는 물질이야. 그런데 하루는 이상한 일이 벌어졌어."

"이상한 일이오?"

"도자기와 유리를 만들기 위해 우라늄을 완전히 제거한 역청 우라늄광의 샘플에서 우리늄보다 더 강력한 빛을 내는 미지의 원소가 포함되어 있는 것을 발견한 거야. 그것도 두 개나 말이야!"

"어떻게 돌덩이에서 그런 원소를 발견할 수 있어요?"

세나가 물었다.

"불가능한 일 같지? 무엇이든 간절히 바라면 이루어진다는 말은 이런 경우를 두고 하는 말인 것 같구나. 내가 힘들 때마다 항상 마음속으로 외치는 세 가지 주문이 있단다. 믿어라, 찾아라 그리고 노력하라!"

퀴리 아줌마의 이야기가 이어졌다.

"나는 남편이 교수로 재직 중이던 학교의 실험실에서 연구를 했는데, 처음에는 프리즘 분광기를 이용했단다. 이것은 우라늄

광 샘플을 고열로 달구었을 때 내뿜는 광선을 프리즘에 통과시키는 장치야. 나는 여러 가지 화학 과정을 통해 역청 우라늄광을 분해하고 그중 방사선이 가장 강한 물질을 골라냈지. 나중에는 샘플 물질을 커다란 가마솥에 넣고 금속 막대기로 저어 가며 끓여 보았단다. 그렇게 몇 년이 지난 어느 날, 마침내 세상에 알

려지지 않은 방사성 원소가 그 모습을 드러낸 거야. 아, 여기 있구나!"

퀴리 아줌마는 세나가 들고 있는 머그잔을 가리켰다. 알파벳 Po가 그려진 컵이었다.

"모든 원소에는 고유의 기호가 있어. 폴로늄의 원소 기호는 Po란다. 라듐 F라고도 하지. 원소 기호는 그것을 처음 발견한 과학자의 이름이나 나라 이름을 따서 짓기도 한단다. **나는 사랑하는 나의 나라, 폴란드의 이름을 따 원소의 이름을 폴로늄이라 지었어.**"

퀴리 아줌마의 눈에서 별이 쏟아지는 것만 같았다. 세나는 머그잔에 그려진 글자를 새로운 마음으로 바라보았다. 온 세상 사람들이 폴로늄이라는 이름과 함께 퀴리 아줌마의 나라, 폴란드를 떠올리는 상상을 하니 괜스레 마음이 벅차올랐다.

"그래서 어떻게 됐는데요?"

"과학계가 온통 술렁이기 시작했지. 누구도 역청 우라늄광에서 이토록 강한 에너지를 가진 방사선이 나오리라고는 상상하지 못했거든. 라듐을 발견한 건 그로부터 5개월 후였단다. 연하야, 이쯤에서 뭐 생각나는 것 없어?"

"네?"

연하는 갑작스러운 퀴리 아줌마의 물음에 당황한 표정을 지었다. 그러다 곧 자기가 들고 있는 컵을 보았다. 연하의 컵에는 Ra라는 글자가 그려져 있었다.

"아! 이건 라듐의 원소 기호죠?"

"그래, 네가 지금 손에 쥐고 있는 컵에 쓴 글자가 나의 두 번째 요정 이름인 라듐이란다."

퀴리 아줌마는 잠시 말을 멈추고 낮은 한숨을 내쉬었다. 그러고는 세나가 몇 번 본 적이 있는 침울한 표정으로 다시 말을 이었다.

"라듐은 내 인생의 빛이고 어둠이었단다. 라듐의 존재가 알려지자 세상이 발칵 뒤집혔어. 하지만 좋은 일만 있었던 것은 아니었어."

"왜요?"

"라듐이 만병통치약으로 잘못 알려졌기 때문이야. 어떤 엉터리 기자가 제대로 알아보지도 않고 라듐이 만병을 고치는 기적의 물질이라고 신문에 버젓이 기사를 낸 거야."

곧이어 세나와 연하는 너무나 충격적인 이야기를 들었다. 라듐이 방사선을 내뿜는 물질이라 신중하게 다뤄야 한다는 사실을 모르는 사람들이 돈을 벌려는 목적으로 수많은 사람들을 죽게

만들었다는 것이다.

"그들은 암은 물론 피부병이나 관절염, 정신병 치료제로 라듐이 특효가 있다고 주장했어. 하다 못해 화장품이나 치약, 샴푸, 염색약 등에 라듐을 섞어 팔았다는구나."

"어떻게 그럴 수가 있죠?"

"라듐의 제조법이 세상에 공개되었기 때문이지."

"그럼 사람들이 라듐을 직접 만들어 쓰기도 한 거예요?"

연하가 황당한 표정으로 물었다.

"과학이 불순한 의도를 가진 사람들에게 이용되면 이렇게 참

담한 일이 벌어지는 거란다. 라듐이 인체에 닿으면 방사선에 노출되어 건강한 사람도 백혈병이나 피부암에 걸릴 수 있다는 걸 모르는 사람들이 세상을 지옥으로 만들었단다."

"그럼 저희 삼촌은요? 삼촌은 어떻게 되는 거예요?"

세나는 문득 삼촌이 걱정되어 목소리가 떨렸다.

"걱정 말라고 했잖아, 세나야. 요즘은 라듐을 의학용으로 쓰지 않아."

퀴리 아줌마가 세나를 안심시키며 머리를 쓰다듬어 주었다. 연하는 그 모습을 유심히 바라보다 조심스럽게 말을 꺼냈다.

"저, 라듐을 직접 손으로 만지면 방사선에 노출된다고 했죠?"

"어? 그거야 당연하지."

퀴리 아줌마는 세나를 쓰다듬던 손을 슬그머니 테이블 아래로 내렸다.

그 순간 세나는 바람 빠진 공처럼 쭈글쭈글한 퀴리 아줌마의 손을 떠올렸다. 게다가 아줌마를 자세히 보면 아무리 흰 피부를 가진 서양인이라고 해도 눈에 띄게 창백했다.

아줌마도 실험을 하다가 방사선에 노출된 걸까?

"안으로 들어올래?"

퀴리 아줌마가 연구소 안으로 들어가면서 세나를 불렀다. 연구소의 싱크대에는 예쁜 보자기에 싼 도시락이 싱크대에 놓여 있었다.

"안 그래도 너에게 연락하려던 참이었는데 마침 잘됐다. 텃밭에서 자란 채소와 곡물로 만든 영양 죽이야. 삼촌에게 갖다 드리렴."

"고맙습니다."

세나는 아줌마가 정성껏 만들어 준 도시락을 소중한 보물처럼 가슴에 안았다.

방사능은 에너지인가? 핵인가?
• 에너지는 생명이고 핵은 죽음이다 •

"퀴리 아줌마의 손을 본 적 있니? 좀 이상하지 않니?"

오두막 연구소에서 나올 때 연하가 먼저 말을 꺼냈다. 세나는 말없이 고개를 끄덕였다. 역시 연하도 같은 생각을 했던 거다.

"그래도 아줌마는 건강하고 씩씩하니까 괜찮을 거야. 그치?"

"나도 그렇게 생각해. 퀴리 아줌마는 누구보다도 방사능에 대해서 많이 아시는 분이니까 분명 치료 방법을 찾아낼 거야."

세나는 연하와 이야기를 하면서 혼란스러웠던 마음이 조금씩 제자리를 찾는 느낌이 들었다.

"연하야, 너는 일상생활에서 제일 중요한 게 뭐라고 생각하니?"

"그게 무슨 말이야?"

"사람이 살아가는 데 제일 중요한 것 말이야."

"먹고 사는 거?"

연하는 자기가 말해 놓고도 우스운지 피식 하고 싱겁게 웃었다. 하지만 세나는 연하의 대답에 동의했다.

"그래, 그거야!"

"뭐?"

"먹고 사는 거."

"도대체 무슨 말이야?"

연하가 알쏭달쏭한 표정을 지었다.

"일단 살아 있어야 생활이 되는 거잖아. 그러니까 내 말은 방사능을 인간의 삶과 죽음에 연결시켜서 계획안을 쓰자는 거야."

"오! 유세나, 대단한걸?"

연하가 너스레를 떨면서 엄지를 척 들어 보였다.

"그럼 우리 둘이 주제를 나눠서 쓰면 어떨까?"

"오케이! 참 좋은 생각이야!"

세나와 연하는 죽이 척척 맞았다.

"넌 어느 부분을 쓰고 싶어?"

연하가 물었다.

"난 방사능의 장점에 대해 쓸게."

세나는 필이 삼촌을 떠올렸다. 방사능의 이로운 점에 대해 자료를 정리하고 계획안을 쓰다 보면 앞으로 삼촌의 건강을 지킬 수 있는 방법을 찾게 될지도 모른다. 이제껏 퀴리 아줌마한테 들었던 이야기 가운데 가장 귀담아들은 것도 방사능의 장점에 관한 내용이었다.

"그럼 난 방사능의 위험성에 대해서 쓸게. 원자 폭탄 이야기를 곁들여서 말이야."

"딩동댕, 대단해! 난 그런 거 무서워서 생각하기도 싫더라."

"오케이! 그럼 잘해 보자!"

"알았어!"

세나는 연하와 헤어지고 집으로 돌아와서 곧바로 책상에 앉아 계획안을 써 내려가기 시작했다.

이윽고 과학 토론 경진 대회에 참가하는 팀을 발표하는 날이 되었다.

"모두들 계획안을 열심히 썼더구나. 너희가 이렇게 과학에 관심이 있는 줄은 몰랐어. 참가자를 선정하기 힘들 정도로 다들 무척 잘해 주었다."

선생님이 명단을 발표하려는 순간, 아이들은 모두 초조한 마음으로 손을 꽉 쥐었다.

"우리 반에서는 특별히 두 팀이 과학 토론 경진 대회의 참가자로 결정되었다. 먼저 정주노, 윤다정 팀! 방사능에 대해서 공부를 아주 많이 했더구나."

아이들이 탄성을 지르며 주노와 다정이한테 부러운 시선을 보냈다.

"축하해, 다정아!"

"어떡해? 나 앞에 나가면 울렁거리는데……."

세나는 즐거운 고민에 빠져 있는 다정이를 보며 자기는 주제를 너무 쉽게 잡았다는 후회가 들었다. 주노와 다정이가 쓴 계획안은 반에서 제일 두꺼웠다. 어쩌면 선생님은 연하와 세나가 쓴 계획안이 성의 없게 느꼈을지도 모른다. 괜히 연하에게 미안한 마음이 들기도 했다.

"세나야, 뭐 해? 선생님이 너 부르시잖아."

"어?"

세나는 골똘히 생각에 잠겨 있다가 다정이가 옆구리를 찌르는 바람에 정신이 번쩍 들었다.

"유세나, 하연하 팀! 방사능이 우리 생활에 긍정적으로 미치는 영향과 부정적으로 미치는 영향을 아주 조리 있게 잘 정리했더구나. 아주 좋았어! 토론 대회에 나가서도 잘해 주길 바란다."

선생님의 칭찬에 세나는 잠시 어안이 벙벙했다. 그러다 반 아이들이 박수를 칠 때야 뒤를 돌아보았다. 연하는 세나를 향해 양손의 엄지를 들어 보였다.

과학 토론 경진 대회 날, 즉석에서 정해진 주제는 '방사능은 우리에게 무엇인가?'였다. 각 반의 대표로 출전한 팀은 모두 열 팀이었다.

참가자들은 방사능을 인류를 멸망시키는 핵으로 정의하는 팀과 방사능이 인류의 발전에 없어서는 안 될 에너지라고 주장하는 팀으로 나뉘었다.

"떨지 말자, 세나야."

토론이 시작되기 전, 연하가 조용히 말을 건넸다.

"오케이!"

세나는 씩씩하게 대답했다.

방청석에는 전교생이 자리를 잡고 앉아 있었다. 앞 팀의 발표가 모두 끝나자 마지막 팀인 연하가 먼저 마이크를 잡았다.

"방사능은 우리에게 생명입니다. 인간은 방사능의 발견으로 생활의 편리함을 얻고 불치병으로 알려진 암을 극복할 수 있었기 때문입니다."

그러자 곧바로 다른 팀에서 반론을 제기했다.

"방사능 때문에 죽어 가는 사람들도 있지 않습니까?"

이번에는 세나가 마이크를 잡았다.

"그러니 더욱더 방사능이 우리 생명과 직결되어 있다는 것입니

다. 방사능을 지혜롭게 이용하면 에너지가 되지만 나쁜 목적으로 이용하면 핵이 됩니다. 이것은 모두 인간의 선택에 달린 일이 아닐까요?"

이 말에는 어느 팀에서도 반론을 제기하지 않았다. 세나는 마무리를 연하에게 넘겼다.

"**에너지는 생명이고 핵은 죽음입니다. 방사능이 존재하는 이유는 생명이지 죽음이 아닙니다.** 과학이 인간을 해롭게 할 목적으로 존재하는 것이 아닌 것처럼 말입니다."

연하가 마이크를 내려놓자 방청석에서 우레와 같은 박수가 터져 나왔다.

이번 대회에서 세나와 연하 팀이 최우수상을, 다정이와 주노 팀이 우수상을 받았다.

"다음번에는 우리가 그 상을 받게 될 거니까 너희 둘 모두 긴장해야 될 거다."

주노는 평소처럼 말투가 삐딱했지만 진심으로 세나와 연하를 축하해 주었다. 세나는 주노와 과제를 같이 하면서 전보다 훨씬 가까워진 느낌이 들었다.

"우리 다 같이 떡볶이 먹으러 갈래? 내가 살게."

연하가 말했다.

네 아이들은 학교 앞 분식집으로 향했다. 떡볶이가 나오자 주노가 과장되게 너스레를 떨었다.

"이럴 줄 알았다면 그때 자존심 팍팍 세우지 말고 퀴리 아줌마한테 같이 갈 걸 그랬다는 후회가 드는 건 왜일까?"

세나와 연하가 이상한 말투를 듣고 배꼽을 잡고 웃는데 다정이가 시무룩한 표정을 지었다.

"미안해. 아까 내가 토론회장에서 실수를 많이 해서 점수가 많이 깎였을 거야."

주노는 다정이가 미안해하는 모습을 보고 진지하게 말했다.

"아니야, 내가 주제를 너무 어렵게 잡은 잘못도 있어."

세나는 주노와 다정이가 언제 저렇게 친해졌는지 신기해서 쳐다보았다. 그때 연하가 뜻밖의 말을 건넸다.

"오늘 상 받은 건 세나 네 덕분이야."

"그게 무슨 말이야?"

"난 이번 대회에서 방사능을 생명과 죽음에 연관시킨 이야기가 통했다고 생각해. 그건 네 아이디어였잖아. 그날 너랑 얘기하면서 바로 이거다 싶더라고."

"그렇다면 우리가 상을 받은 건 퀴리 아줌마 덕분인가?"

"아, 맞다! 우리 퀴리 아줌마한테 고맙다는 인사를 드리러 가자."

"딩동댕! 나도 그 말 하려던 참이었어. 빨리 먹고 가자!"

세나와 친구들은 서둘러 오두막 연구소로 향했다.

"작은 선물이라도 해 드려야 하지 않을까?"

상가를 지나치는 길에 다정이가 말했다.

세나는 그 순간 퀴리 아줌마의 손이 떠올랐다. 마침 장갑 가게가 눈에 띄었다.

"아줌마가 자전거를 탈 때 낄 수 있는 얇은 장갑은 어떨까?"

"아, 그거 좋겠다!"

다정이와 연하는 찬성이었다. 주노만 아리송한 표정을 지었다.

"그러면 커플로 바우 장갑도 사야 하는 거지?"

"강아지는 장갑이 아니라 신발이겠지."

"딩동댕!"

"좋은 생각!"

세나와 친구들은 만장일치로 자전거용 흰색 망사 장갑을 골랐다. 다행히 강아지 용품 매장에서 하얀 망사로 만들어진 장화도 한 켤레 살 수 있었다.

장갑을 받아 든 퀴리 아줌마는 뭉클한 표정을 지었다.

"고맙구나!"

"아참! 그리고 이건 바우 선물이에요."

세나는 뿌듯한 마음으로 장화를 건넸다. 그러자 바우가 귀를 쫑긋 세웠다. 퀴리 아줌마는 어느 때보다 환한 미소로 세나와 친구들을 쳐다보았다.

"선물도 고맙지만 정말이지 너희가 너무나 대견스러워!"

오두막 연구소의 앞마당 나무 그늘 아래 테이블에는 퀴리 아줌마가 특별히 준비한 음식이 차려져 있었다. 네 아이들은 아줌마가 직접 재배한 곡물로 만든 과자와 과일, 주스가 있는 테이블에 둘러앉았다.

"퀴리 아줌마, 감사합니다. 아줌마 덕분에 너무나 많은 걸 알게 되었어요."

연하가 대표로 감사의 마음을 전했다.

"너희가 내 이야기를 머리로만 듣지 않고 가슴으로 들어줘서 좋은 결과가 나왔다고 생각해. 앞으로도 궁금한 게 있으면 언제든 찾아오렴."

"저는 과학자들이 좋은 것만 발명했으면 좋겠어요."

주노가 말했다.

그러자 퀴리 아줌마는 조금 쓸쓸한 표정으로 입을 열었다.

"과학자는 단순히 실험실의 기술자가 아니란다. 다만 과학의 세계에 커다란 아름다움이 존재한다고 믿는 사람들이야. 그런 마음으로 연구하다 보면 이 세상을 더 안전하고 행복하게 할 발명품이 탄생하겠지."

조용한 숲속에 싱그러운 바람이 불어왔다.

세나는 갑자기 가슴이 뜨거워지면서 머릿속이 빤짝거리기 시작했다. 이 느낌은 뭘까? 가슴과 머리에 한 가지 생각이 동시에 솟구치고 있었다. 그리고 지금 마음속에 떠오른 생각을 이 자리에서 꼭 말해야만 할 것 같았다.

"제가 만일 과학자가 된다면 사람들을 해롭게 하는 물질을 모두 제거하는 최강의 에너지를 개발하고 싶어요."

"좋구나! 우리 같이 방법을 연구해 볼까?"

"정말요?"

퀴리 아줌마가 사랑스러운 눈빛으로 세나를 바라보았다. 그러자 연하, 주노, 다정이가 동시에 외쳤다.

"저희도 끼워 주세요!"

바우는 덩달아서 기분이 좋은지 테이블 주위를 뱅뱅 돌면서 팔랑개비처럼 꼬리를 흔들었다.

필이 삼촌은 두 번의 방사선 치료를 무사히 마치고 건강한 모습으로 돌아왔다. 세나는 방사선이 삼촌을 살린 거라고 믿었다. 놀이동산에 가는 날, 삼촌은 전보다 훨씬 멋지고 당당한 모습으로 집을 나섰다.

"퀴리 아줌마라는 분이 보내 준 영양 죽은 정말 맛있게 먹었어. 고맙다는 인사를 전해 드리렴. 덕분에 삼촌의 몸이 아주 좋아졌다는 말도 잊지 말고!"

"알았어, 삼촌! 이제부터는 내가 삼촌한테 좋은 음식만 먹게 할 거야."

"고맙다, 세나야. 삼촌도 세나가 하고 싶은 거 다 하도록 도와줄 거야. 뭐든 말만 해."

"난 예쁜 숙모만 있으면 돼."

"에그!"

필이 삼촌이 밉지 않게 세나를 흘겨보았다.

오늘따라 유난히 푸른 하늘에 새털구름이 둥둥 떠다니고 있었다. 세나는 삼촌의 손을 꼭 잡고 걸어가면서 마음속으로 되뇌었다.

'지켜봐 주세요, 퀴리 아줌마! 이다음에 정말 훌륭한 과학자가 돼서 아줌마의 병도 꼭 낫게 해 드릴게요.'

라듐과 폴로늄을 발견한
마리 퀴리는 어떤 사람일까?

전국과학교사협회 고문 현종오

1. 마리 퀴리의 생애

 마리 퀴리의 어린 시절

마리 퀴리는 1867년 11월 7일 폴란드 바르샤바에서 1남 4녀 중 막내로 태어났다. 원래 폴란드 이름으로는 마리아 살로메아 스크워도프스카인데 파리로 유학 가서 프랑스 이름인 마리 퀴리로 바꾸었다. 마리 퀴리의 어린 시절은 순탄치 못했다.

당시 마리 퀴리의 아버지는 물리를 가르치는 교감 선생님이었고, 어머니는 바르샤바에서 손꼽히는 명문 학교의 교장 선생님이었는데 폐결핵을 앓으면서 집에서 요양했다. 부모님은 금슬이 좋았고 아버지가 가정적이어서 마리 퀴리의 가정은 화목했다. 마리 퀴리가 훗날 학자로서의 길을 가게 된 데에는 부모님의 영향이 컸다고 할 수 있다.

하지만 아버지가 교사직을 박탈당하고 큰돈을 사기당하면서 가족들의 불행이 시작되었다. 첫째 언니 조샤가 병을 이기지 못하고 12살의 어린 나이로 세상을 떠났다. 마리 퀴리가 10살이 되던 해에는 결핵으로 오랜 투병 생활을 하던 어머니마저 세상을 떠났다. 어릴 때부터 매우 총명했던 마리 퀴리는 새로운 지식에 대한 열망이 아주 컸다. 고등학교를 졸업하고 대학에 가고 싶었지만 폴란드에서는 여성이 고등 교육을 받기 어려웠을 뿐더러 집안 형편상 여유가 없었다. 또한 폴란드가 당시 러시아에 점령당하고 있어서 시대 상황도 좋지 않았다. 마리 퀴리는 뒤늦게 1891년 24살에 파리로 유학을 떠났다.

 결혼과 연구의 시작

마리 퀴리는 1891년 프랑스 파리 소르본 대학교에서 물리와 수학을 공부했다. 본래 목적은 교사 자격증을 따서 폴란드로 돌아가는 것이었다. 마리 퀴리는 고등학교를 졸업한 뒤 6년 동안 공부에서 손을 놓았던 상태였고 프랑스어에 서툴렀지만, 새로운 학문에 대한 열정으로 어려움을 이겨 낼 수 있었다.

1894년 소르본 대학교를 졸업한 뒤 연구비를 받아서 '강철의 자기 성질'에 관한 연구를 진행하고 있었는데, 이때 그녀보다 8살 많은 35세의 피에르 퀴리를 만나 결혼했다. 국제적으로 알려진 학자였던 피에르 퀴리는 물리 화학 학교의 교사로 재직하고 있었다. 1897년 마리 퀴리는 남편의 실험실에서 연구를 했다. 그리고 강철의 자기 성질에 관한 연구를 마치고 자신의 박사학위 논문 주제를 찾기 시작했다.

1896년 초 독일 뮌헨대학교의 뢴트겐은 X선을 발견했고, 같은 해 프랑스의 앙리 베크렐은 우라늄 광물에서 방사선을 발견했다. 마리 퀴리는 다른 화합물에서도 방사선이 방출되는지를 체계적으로 조사하기 시작했다. 마리 퀴리는 자연에서 출토되는 여러 가지 광석에서 방사성 원소를 찾기 시작했다. 지질 박물관에서 시료들을 구해서 실험했는데, 우라늄 광석인 피치블랜드에서 우라늄 양으로 예상한 수치보다 더 많은 방사선이 검출되었다. 이것은 우라늄이나 토륨보다 방사선을 더 많이 방출하는 다른 원소가 존재한다는 것을 의미했다. 곧바로 피에르 퀴리는 자신의 연구를 그만두고 마리 퀴리의 연구에 합류했다.

1898년 7월 말 두 사람은 우라늄보다 300배나 방사선을 더 많이 내는 원소를 발견했다고 발표하고 이 원소의 이름을 마리 퀴리의 고국 폴란드의 이름을 따서 '폴로늄'이라고 부르자고 제안했다. 1898년 12월 말 그들은 라듐 원소를 추가로 발견했다. 하지만 학계에서는 라듐의 존재를 믿지 않았다. 새로운 원소에 확신이 있더라도 실물 증거를 제시하지 않으면 학계에서 인정받지 못했다. 그래서 퀴리 부부는 보헤미아 지방의 폐광산에서 피치블랜드 폐광석을 몇 톤씩 가져와 날마다 분별 결정을 통해 분리를 반복하고 소량이 함유되어 있는 라듐을 분리해 내려고 했다. 4년 후 봄, 퀴리 부부는 1톤의 폐광석에서 0.1g의 라듐을 추출해 내는 데 성공했다.

1903년 6월 마리 퀴리는 라듐에 관한 연구 논문을 완성해 소르본 대학교에 제출했다. 하지만 순수 연구의 목적에 맞지 않는다고 주장해서 특허는 내지 않았다.

1903년 퀴리 부부는 앙리 베크렐과 함께 노벨 물리학상을 받았다.

1906년 4월 19일 피에르 퀴리가 파리에서 마차에 치여 세상을 떠나자 마리 퀴리는 피에르 퀴리가 맡았던 실험실을 맡아서 연구를 지속했다. 1908년 마리 퀴리는 소르본 대학교의 정교수가 되었다. 1908년 수백 밀리그램의 염화 라듐을 얻고 순수한 라듐 금속도 분리해 내었다. 1911년 라듐과 폴로늄의 발견과 라듐의 분리에 대한 연구로 화학의 발전에 기여한 공로를 인정받아서 노벨 화학상을 수상했다.

방사성 분야의 과학을 개척하다

마리 퀴리는 라듐과 폴로늄이라는 두 원소를 발견했을 뿐 아니라 방사성 분야의 과학을 새롭게 개척했다. 방사선 방출이 화합물의 성질이 아니라 원자의 성질이라는 것을 밝혀서 새로운 방사성 원소들을 발견하는 데 노력했고, 이를 방사성 동위원소, 방사성 분석화학, 지구과학, 재료과학, 생물학, 의학, 공업, 농업 분야에 응용했다. 원자는 깨질 수 없는 것이 아니라 깨지면서 방사선을 방출하고 다른 원자로 변환된다는 것을 알았기에 가능한 일이었다.

마리 퀴리는 토륨에서부터 원자가 붕괴해서 라듐, 폴로늄으로 변환하고, 이 붕

괴 과정은 우라늄의 붕괴와도 연결될 수 있다고 가정했다. 이 연구는 현대 핵물리학이 시작한 계기가 되기도 했다. 마리 퀴리는 또한 방사성 원소의 분석 방법을 세상에 알렸고, 처음으로 암을 방사선으로 치료하기 시작했다. 라듐이 같은 무게의 우라늄보다 약 500만 배 방사선을 더 많이 방출하고, 시간당 1그램에서 약 118칼로리의 열을 발생한다는 것을 발견했다.

 제1차 세계 대전에서 부상당한 병사들을 치료하다

제1차 세계 대전에서 마리 퀴리는 스스로 개발한 '리틀 퀴리'라는 자동차로 전선을 누볐다. 이 차에는 X선 사진을 찍을 수 있는 장치가 붙어 있었는데, 20대의 리틀 퀴리가 부상병들을 진단하는 데 큰 활약을 했다. 이때 마리에게 도움을 받은 부상병은 100만 명이 넘는다. 훗날 이 시기에 X선에 과다하게 노출된 것이 마리 퀴리의 결정적인 사망 원인이라고 밝혀졌다. 마리 퀴리의 딸인 이렌도 이 작업에 참가하고 무공 훈장을 받았지만, 막상 마리에게는 훈장이 하나도 돌아가지 않았다. 게다가 국가에 전 재산을 바쳤기 때문에 전쟁 이후에는 빈털터리 신세가 되고 말았다.

마리 퀴리는 전쟁이 끝나자 라듐 연구소를 운영했다. 미국의 잡지 편집장인 멜로니의 주선으로 라듐 연구를 위한 모금을 위해 미국을 두 차례 방문했다. 1921년 미국을 방문해서 여러 곳에서 대학교와 대중을 상대로 강연을 했다. 마리 퀴리의 연설은 미국 여성들, 특히 여성 과학자들에게 큰 용기를 주었고 과학을 일반 대중에게 이해시키는 큰 계기가 되었다.

마리 퀴리는 미국의 하딩 대통령으로부터 라듐 1그램을 선물로 받았다.

마리 퀴리의 가족과 말년

마리 퀴리의 첫째 딸 이렌과 사위 프레데릭 졸리오는 1935년 인공 방사선의 발견으로 노벨 화학상을 받았다. 둘째 딸 이브 퀴리는 퀴리 집안의 전통을 어기고 과학자의 길을 포기했으며, 이후 자신의 적성에 맞는 일을 찾기 위해 고생했다고 한다. 이브 퀴리는 유명한 피아노 연주자가 되었고, 저널리스트 겸 작가로도 활동했다. 마리 퀴리가 죽은 이후 어머니의 전기인 《퀴리 부인전》을 썼고, 이 책은 세계적인 베스트셀러가 되었다.

마리 퀴리는 1934년 7월 4일 프랑스에서 방사선 노출로 인한 백혈병으로 세상을 떠났다. 1995년 4월 20일 프랑스 미테랑 대통령은 퀴리 부부의 시신을 저명한 파리 시민을 안치하는 팡데옹의 납골당에 옮겼다. 이것은 프랑스에서 외국인이자 여성으로서는 처음 있는 일이었다.

프랑스는 과학의 발전에 이바지한 마리 퀴리의 공로와 영예를 인정하고 드높인 것이다.

2. 마리 퀴리의 삶에서 배울 점

 조국 폴란드를 사랑한 과학자

마리 퀴리의 청소년 시절, 폴란드는 러시아의 지배를 받고 있었고 폴란드의 학생들은 러시아어와 러시아의 역사를 배우도록 강요받았다. 그리고 이를 감시하기 위해 러시아 관리들이 폴란드의 학교들을 점검하는 경우가 잦았다. 어느 날 러시아의 장학사가 마리의 학교를 불시에 방문해서 성적이 좋은 마리에게 러시아어와 러시아의 위인들 그리고 러시아의 통치자 등에 대해 질문하자 마리는 유창하게 대답했다. 하지만 속으로는 폴란드인으로서 커다란 모멸감을 느꼈다고 전해진다.

마리 퀴리의 연구는 프랑스에서 진행했지만 그녀는 단 한순간도 폴란드인으로서의 정체성을 저버리지 않고 조국을 위해 활발하게 활동했다. 무엇보다 최초로 발견한 원소에 나라의 이름을 따 '폴로늄'이라는 이름을 붙여 줄 정도로 애국자였다. 마리 퀴리의 어린 시절, 아버지가 폴란드어로 쓴 답을 정답으로 처리했다는 것 때문에 교감에서 물러나고 일반 교사로 강등됐다가 결국에 교사직까지 박탈당했던 사실을 미루어 보아 마리 퀴리의 애국심은 아버지에게 물려받은 것이라 볼 수 있다.

 **여성 첫 노벨상 수상자**

1911년 노벨상 위원회는 퀴리 부인에게 두 번째 노벨상을 수여하기로 결정했지만 퀴리 부인의 스캔들을 집요하게 물고 늘어지는 언론 때문에 노벨상 위원인 아레니우스는 마리 퀴리에게 이런 편지를 보냈다.

"만일 언론의 내용이 사실이라면 노벨상 위원회는 부인의 수상을 결정하지 않았을 것입니다. 노벨상 위원회에게 이곳으로 오는 것이 불가능하게 됐다는 전보를 쳐 주십시오. 법적으로 폴 랑주뱅과 당신이 관계가 없다는 것이 증명되기 전에는 상을 받기를 원하지 않는다는 의견을 저희에게 보내 주십시오."

노벨상 위원회는 노벨상의 권위와 정당성을 잃지 않으려고 자기들이 수상을 거부한 게 아니라 마리 퀴리가 결백이 입증되기까지는 수상을 거절하겠다고 발표하고 상황을 수습하려고 한 것이다. 이에 마리 퀴리는 다음과 같은 당당한 답변을 보냈다.

"노벨상 위원회의 의견에 제가 따라야 할 의무는 없습니다. 저는 제 신념에 따르겠습니다. 당신의 조언은 잘못입니다. 상은 라듐과 폴로늄의 발견에 수여된 것입니다. 과학적 연구에 대한 평가가 사생활에 대한 중상과 모략에 의해 영향받는 것은 부당한 일입니다. 그리고 나는 당신이 그런 생각을 갖고 있다는 사실이 슬픕니다."

그런 뒤 퀴리 부인은 꿋꿋하게 시상식이 열리는 스웨덴으로 가서 노벨상을 받았다.

피폭도 두려워하지 않은 과학자의 열정

방사능이라는 용어를 만들어 낸 퀴리 부인은 "인생에서 두려워할 것은 아무것도 없다. 이해해야 할 것이 있을 뿐이다."라고 말했다. 왕성한 지적 호기심을 반영하는 감동적인 말이긴 하지만, 그녀가 조금 더 방사능을 조심했더라면 몸의 이상으로 오는 고통과 재생 불량성 빈혈에 의해 목숨을 잃지 않았을지도 모른다.

그럼 마리 퀴리의 방사선 피폭량은 어느 정도였을까?

0.1그램의 라듐으로부터 1미터 떨어진 곳에 1시간 남짓 있는 것만으로도 일반인의 연간 피폭 허용량인 1밀리시버트를 넘는다. 100만 분의 1그램의 라듐을 흡입해도 80밀리시버트 정도의 피폭을 받게 된다. 마리 퀴리는 오랜 기간 실험 중에 상당량의 피폭을 반복했다고 추측할 수 있다. 그녀는 방사선에 몸이 약해져 있었지만, 심한 피로감과 함께 차례로 덮쳐 왔던 병을 피폭과 연관 짓기를 주저했던 것 같다. 암의 방사선 치료에 열의를 보였던 마리 퀴리는 소중한 자식 같은 라듐

을 나쁜 물질로 만들고 싶지 않았던 것일지도 모른다.

66세로 세상을 떠나던 해, 강연에서 마리 퀴리는 다음과 같이 말했다.

"나도 과학에 커다란 아름다움이 존재한다고 생각하는 한 사람입니다. 실험실의 과학자는 단순한 기술자가 아닙니다. 옛날이야기처럼 감동을 주는 자연 현상 앞에 있는 아이와 같습니다."

당시에 퀴리 부부가 실험 결과를 기록했던 노트는 지금도 방사선을 방출하고 있다고 한다.

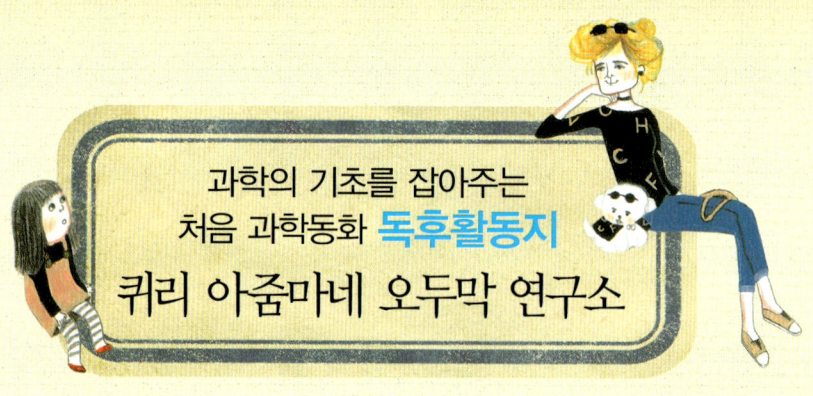

과학의 기초를 잡아주는 처음 과학동화 독후활동지
퀴리 아줌마네 오두막 연구소

강승임 이을교육연구소 소장

과학의 기초를 잡아주는 처음 과학동화 독후활동지, 과학 학습에 어떤 도움이 될까?

〈처음 과학동화〉 시리즈는 과학 분야를 대표하는 위인들이 등장하여 그들이 연구한 과학적 지식을 재미있게 풀어 나가는 형식으로 꾸며져 있습니다. 동화를 재미있게 읽고 나서 독후활동지를 한 문제 한 문제 풀어가다 보면 과학 위인들의 대표 이론을 다시 한 번 되새기고 과학적 탐구심을 충족시킬 수 있을 것입니다. 또한 비판적인 글쓰기를 통해 자신의 생각을 올바르게 표현하는 방법도 익힐 수 있습니다.

〈과학의 기초를 잡아주는 처음 과학동화 독후활동지〉는
이렇게 구성돼요.

I. 과학 기초 지식 쌓기 동화 내용의 이해

동화 각 장의 소제목이기도 한 마리 퀴리의 교훈을 점검해 보고, 동화 속에서 그 내용이 어떻게 적용되었는지 적어 보면서 과학 기초 지식을 쌓습니다.

II. 과학 창의력 기르기 이해와 비판

동화를 통해 익힌 과학 지식을 친구들과 토론해 보고 글로 써 보며 생각을 넓히고, 동화 속에서 느낀 점을 자신의 경험과 맞물려 표현하는 능력을 키웁니다.

III. 과학자 연구 – 마리 퀴리

부록의 내용을 바탕으로 마리 퀴리의 삶을 이해하고, 마리 퀴리의 삶에서 오는 교훈이 현대 사회에 어떤 도움이 되는지 적어 보며 논리적 사고를 키웁니다.

학부모 및 교사용 도움말

교과연계	
〈4학년 1학기 국어❹〉 9. 생각을 나누어요	서로 다른 의견을 비교하며 자신의 생각과 느낌을 이야기할 수 있다.
〈5학년 1학기 국어㉮〉 1. 인물의 말과 행동	생각의 근거를 마련하는 방법을 익혀 찬성하거나 반대하는 글을 쓸 수 있다.
〈5학년 1학기 과학〉 4. 용해와 용액	알고 있는 과학 지식을 바탕으로 글을 쓸 수 있다.
〈6학년 1학기 과학〉 2. 생물과 환경	알고 있는 과학 지식을 바탕으로 글을 쓸 수 있다.

I. 과학 기초 지식 쌓기 동화 내용의 이해

> 교과연계
> 〈5학년 1학기 과학〉
> 4. 용해와 용액

《퀴리 아줌마네 오두막 연구소》 본문에는 각 장마다 어린이 여러분께 전하고자 하는
마리 퀴리의 교훈을 소제목으로도 적어 두었어요. 동화 내용을 다시 한 번 떠올려 보며 아래 질문들에 답해 보세요.
적는 동안 자연스럽게 어린이 여러분 마음속에도 과학 지식이 차곡차곡 쌓일 거예요.

1. 후쿠시마 원전 폭발 사고 얘기를 하면서 선생님은 원자력 발전이 양면성을 띤다고 말합니다. 어떤 점이 그러한가요?

___

2. 퀴리 아줌마는 왜 화학자가 되었냐는 세나의 질문에 뭐라고 대답했나요?

___

○ 교과연계 ○
〈6학년 1학기 과학〉
2. 생물과 환경

3. 퀴리 아줌마는 텃밭의 토질을 어떻게 개선했다고 말했나요?

_____
_____
_____
_____
_____
_____
_____
_____

4. 방사선과 방사능은 각각 무엇인가요?

_____
_____
_____
_____
_____
_____
_____

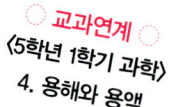

5. 방사능은 어떻게 에너지를 만드나요?

6. 마리 퀴리가 발견한 라듐이 과장되게 보도되면서 어떤 문제가 일어났나요?

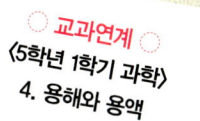

7. 세나와 연하는 방사능이 어떤 점에서 '생명'이라고 주장했나요?

II. 과학 창의력 기르기 이해와 비판

> 교과연계
> 〈4학년 1학기 국어❹〉
> 9. 생각을 나누어요

앞에서 살펴본 동화 내용을 바탕으로 사고를 확장시켜 볼 거예요. 아래 문제들을 친구들과 함께 토론해 보세요. 나와는 다른 다양한 입장과 해결 방안이 있다는 걸 깨닫게 될 거예요. 또한 동화를 읽고 느낀 점을 자신의 경험과 연결하여 글로 써 보세요. 나를 더 잘 표현할 수 있는 좋은 연습이 될 거예요.

【과학 창의 토론】

1. 다음 퀴리 아줌마가 한 말 중에 하나를 골라 지지하거나 반대하는 의견을 말해 보세요.

   - 두려워할 것은 아무 것도 없다. 단지 이해해야 할 것이 있을 뿐이다.
   - 인간은 새로운 발견을 통해 악한 것보다는 선한 것을 더 많이 얻을 수 있다.
   - 위험하다고 과학이 진보를 포기할 수는 없다.
   - 과학은 인내와 자신감을 갖는 것이 특히 필요하다.

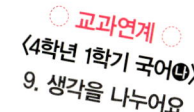

2. 과학자들이 좋은 것만 발견하고 발명하는 것이 가능한지 판단해 보세요.

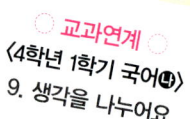

【과학 창의 논술】

1. 마리 퀴리는 폴로늄, 라듐이라는 방사성 원소를 발견했어요. 화학자는 이렇게 새로운 원소를 발견하기도 하고 결합을 통해 새로운 물질을 만들어 내기도 해요. 우리 생활을 돌아보고 어떤 물질이 만들어지면 좋을지 생각해 보세요.

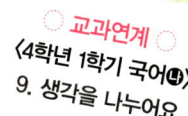

2. 원자력은 잘 쓰면 생명을 살리고, 잘못 쓰면 생명을 파괴합니다. 인간이 발견, 또는 발명한 과학 기술은 대체로 이러한 양면성을 띠지요. 과학을 이롭게 쓰려면 어떤 자세와 조건이 필요한지 이야기해 보세요.

III. 과학자 연구 – 마리 퀴리

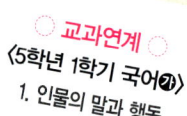

동화를 읽고 '퀴리 아줌마는 어떤 분일까' 하는 궁금증이 생겼나요? 이제 부록에
소개된 마리 퀴리 아줌마의 삶과 사상을 복습해 볼 거예요. 부록을 꼼꼼히 읽고 문제를 풀어 보세요.

1. 마리 퀴리는 왜 파리로 유학을 떠났나요?

교과연계
〈5학년 1학기 국어㉮〉
1. 인물의 말과 행동

2. 라듐의 발견 과정을 요약해 보세요.

　_____
　_____
　_____
　_____
　_____
　_____
　_____
　_____

3. 라듐의 발견이 과학사에 미친 영향을 정리해 보세요.

　_____
　_____
　_____
　_____
　_____
　_____
　_____

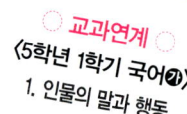

4. 조국 폴란드를 사랑하는 마리 퀴리의 마음을 엿볼 수 있는 사례를 몇 가지 적어 보세요.

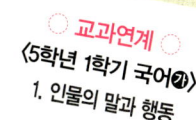

5. 마리 퀴리는 자신이 방사선에 노출되고 있다는 위험을 모른 채 라듐 연구에 열중했어요. 그러다 결국 재생 불량성 빈혈로 목숨을 잃지요. 과학 연구에 대한 마리 퀴리의 열정을 어떻게 생각하나요?

학부모 및 교사용 도움말

I. 과학 기초 지식 쌓기 동화 내용의 이해

1. 양면성이란 좋은 점과 나쁜 점을 동시에 지니는 특성이다. 후쿠시마 원전 폭발 사고에서 보듯 원자력 발전의 안전은 100퍼센트 보장되지 않는다. 자연재해와 같은 불의의 사고로 방사능이 유출될 수 있다. 이는 치명적 단점이다. 하지만 원자력 발전은 에너지를 만들어 전기를 공급함으로써 우리 생활을 편리하게 해 준다. 이는 매우 유용한 장점이라고 할 수 있다.

2. 인간의 삶을 보다 행복하게 만들기 위해서 화학자가 되었다고 대답했다. 인간은 새로운 발견을 통해 악한 것보다는 선한 것을 더 많이 얻을 수 있기 때문에 이에 기여하기 위해 위험을 무릅쓰고 화학자가 되어 방사능 연구를 한 것이다.

3. 퀴리 아줌마가 가꾸는 텃밭은 원래 화학 비료와 농약을 많이 써서 더 이상 농작물을 생산할 수 없을 정도로 땅이 오염되었다. 이에 퀴리 아줌마는 천연 비료를 꾸준히 써서 흙 속의 나쁜 성분을 없애고 어떤 식물이든 자랄 수 있도록 토질을 개선했다.

4. 방사선은 방사성 원소가 서로 부딪치며 반응을 일으킬 때 나오는 광선을 말하는데, 햇빛이 비치지 않아도 스스로 빛을 낸다. 한편 방사능은 이러한 현상을 가리킨다. 곧, 방사선을 사방으로 내뿜는 성질을 말한다.

5. 라듐, 우라늄, 토륨 같은 방사성 원소끼리 부딪치고 쪼개지고를 반복하는 과정에서 핵분열이 일어나는데 이때 엄청난 에너지가 나온다. 이 에너지로 물을 끓이고, 이때 나온 증기로 발전기가 돌아가면서 전기가 만들어진다.

6. 라듐이 암을 고치는 만병통치약으로 잘못 알려진 뒤 돈을 벌려는 사람들이 약품을 비롯해 화장품, 치약, 샴푸 등에 라듐을 섞어 팔았다. 그런데 라듐이 인체에 닿아 방사선에 노출되면 건강한 사람도 백혈병이나 피부암에 걸릴 수 있다.

7. 방사능의 발견으로 생활이 더욱 편리해졌고 불치병으로 알려진 암을 치료하는 길을 열었다는 점에서 방사능이 생명이라고 주장했다. 그리고 방사능을 잘못 이용하면 죽음에 이를 수 있기 때문에 방사능을 어떻게 다루고 이용하느냐에 따라 생명이 좌우된다고 보았다.

II. 과학 창의력 기르기 이해와 비판

【과학 창의 토론】

1. [예시] 퀴리 아줌마는 위험하다고 과학이 진보를 포기할 수는 없다고 말했다. 이 말은 위험하더라도 과학의 진보를 위해 계속 연구해야 한다는 뜻이다. 그렇게 새로운 지식을 얻고 그를 통해 인간이 할 수 있는 일이 더 많아지기 때문이다. 하지만 과학을 연구하는 최종 목적이 무엇인지 따져 본다면 과연 위험한 연구를 계속하는 것이 옳은지 의문이 든다. 인간은 행복을 얻기 위해 활동을 한다. 과학 연구도 마찬가지다. 과학 연구가 인간의 행복에 기여하게 하기 위해서이다. 그런데 위험한 연구는 그 자체로 행복과 거리가 있다. 연구 중에 생명을 잃을 수도 있고 연구 결과가 악용될 가능성도 높기 때문이다. 그래서 위험하다면 과학이 진보를 포기할 수 있어야 한다고 생각한다. 진보보다 행복이 더 중요하기 때문이다.

2. 가능하다. 과학자들이 연구를 하기 전에 연구 대상에 대해 철저하게 조사하고 그 결과를 다양한 각도로 예상하면 그 연구가 좋은 점이 많은지 나쁜 점이 많은지 예측할 수 있다. 과학자들이 호기심과 열정을 조절하며 자신의 연구가 사회에 어떤 영향을 미칠지 생각해 본다면 충분히 좋은 연구가 가능하다.
가능하지 않다. 아무리 연구 전에 사회에 미치는 영향력을 예측한다고 해도 다 조사할 수 없고 예측은 언제나 빗나갈 수 있기 때문이다. 좋은 점이 많다고 꼭 좋은 방향으로 사용되는 것도 아니고 나쁜 점이 많다고 꼭 나쁜 방향으로 사용되는 것도 아니다. 무엇보다 과학자는 연구를 하는 사람이지 그걸 이용하는 사람이 아니다. 과학 연구를 좋게 이용하는 것은 과학자에게 달린 게 아니라 사회에 달려 있다.

【과학 창의 논술】

1. 물질은 모든 물건의 재료가 된다. 주변에서 사용하는 물건들 중에 불편한 물건이 있으면 그것을 이루는 재료의 특성이 어떻게 바뀌면 좋을지 생각해 본다. 예를 들어 연필로 공책에 글을 쓰다 보면 흑연이 손이나 옷에 묻어 더러워진다. 그렇다면 이를 방지하게 위해 손에 묻지 않으면서 잘 써지는 물질을 흑연에 첨가하는 방법을 생각해 볼 수 있을 것이다.

2. 과학을 이롭게 쓰려면 그것을 잘못 사용하거나 남용하는 것을 방지하는 다양한 노력이 필요하다. 먼저 과학자 스스로 윤리를 지켜야 한다. 자신의 연구가 폭탄처럼 생명을 파괴하거나 해롭게 하는 데 이용될 가능성이 높다면 연구를 다시 한 번 생각해 보아야 한다. 그러나 과학자가 아무리 양심과 윤리를 지켜도 사회적으로 과학을 악용할 수 있기 때문에 이를 막기 위해서는 강력한 법규가 필요하다. 과학을 해롭게 이용하는 경우 법에 의해 엄중히 다스려야

한다. 또 과학을 좋은 방향으로 이용하기 위해서는 사회 구성원 개개인이 그에 대한 바람직한 의식을 갖추어야 한다. 이를 위해 과학을 어려워하지 말고 이해하려고 노력해야 하며 토론을 통해 어떻게 이용해야 하는지 그 방향성을 함께 고민해야 한다.

III. 과학자 연구 – 마리 퀴리

1. 마리 퀴리는 폴란드에서 태어났다. 당시 아버지는 교감 선생님, 어머니는 교장 선생님이었다. 그런데 아버지가 사기를 당하면서 집안이 몰락하고 첫째 언니와 어머니마저 연달아 세상을 떠나면서 형편이 더욱 어려워졌다. 게다가 당시 폴란드에서는 여성이 고등 교육을 받기 어려웠고 폴란드가 러시아의 지배 하에 있었기 때문에 자유도 억압당했다. 그래서 새로운 지식에 대한 열망과 꿈을 이루려는 신념으로 가득 찼던 마리 퀴리는 새로운 삶을 찾아 좀 더 자유롭고 기회가 많은 파리로 가게 된 것이다.

2. 우라늄 광물에서 방사선이 발견된 후 마리 퀴리는 다른 화합물에서도 방사선이 방출되는지 연구하기 시작했다. 여러 광석을 조사한 끝에 우라늄 광석으로 알려진 피치블랜드에서 예상 수치를 훨씬 넘는 방사선이 검출되어 다른 원소의 존재를 직감했다. 이후 분별 결정을 통해 분리를 반복한 후 라듐을 추출해 내는 데 성공했다.

3. 라듐의 발견으로 마리 퀴리는 방사선 방출이 화합물의 성질이 아니라 원자의 성질임을 밝혀냈다. 즉 원자가 깨지면서 방사선을 방출하고 다른 원자로 변환되는 것이다. 그녀의 연구를 계기로 방사성 과학 분야와 핵물리학 분야가 개척되었고, 암 치료 등 기존의 여러 분야에 응용되어 과학 기술의 발전을 촉진했다.

4. 마리 퀴리는 프랑스에서 공부하고 연구하여 과학자로 명성을 얻었지만 조국 폴란드에 대한 사랑이 남달랐다. 그래서 그녀가 최초로 발견한 방사성 원소에 폴란드의 이름을 따 폴로늄이라고 했다. 그리고 제1차 세계 대전 당시 X선 차량을 끌고 전선을 누비며 수많은 부상병을 진단하여 치료를 도왔다. 또 국가에 전 재산을 바치기도 했고 폴란드에 라듐 연구소를 설립했다.

5. 마리 퀴리는 엄청난 집중력과 포기하지 않는 정신력으로 마침내 라듐이라는 새로운 원소를 발견했다. 하지만 이 연구는 방사선 노출이라는 위험성을 안고 있었다. 하지만 마리 퀴리는 연구를 멈출 수 없었다. 그리고 라듐의 발견이 인간의 삶을 행복하게 해 줄 수 있을 거라는 확신이 있었기 때문이다. 그러다 결국 자신의 건강과 안전은 돌보지 못해 죽음에 이르렀다.

그녀의 열정은 꿈을 이루는 힘이 되었다는 점에서 매우 높이 평가할 만하다. 한편 그 열정에 사로잡혀 자신을 돌보지 않은 점은 안타깝다.

과학의 기초를 잡아주는 처음 과학동화 ❻
퀴리 아줌마네 오두막 연구소

1판 1쇄 발행 | 2016. 10. 6.
1판 4쇄 발행 | 2020. 6. 29.

신영란 글 | 안경미 그림 | 현종오 감수

발행처 김영사
발행인 고세규
편집 김효성 디자인 김순수
등록번호 제 406-2003-036호
등록일자 1979. 5. 17.
주소 경기도 파주시 문발로 197(우10881)
전화 마케팅부 031-955-3100 편집부 031-955-3113~20
팩스 031-955-3111

© 2016 신영란, 안경미
이 책의 저작권은 저자에게 있습니다. 저자와 출판사의 허락 없이 내용의 일부를 인용하거나 발췌하는 것을 금합니다.

값은 표지에 있습니다.
ISBN 978-89-349-7603-5
ISBN 978-89-349-7119-1(세트)

좋은 독자가 좋은 책을 만듭니다. 김영사는 독자 여러분의 의견에 항상 귀 기울이고 있습니다.
전자우편 book@gimmyoung.com | 홈페이지 www.gimmyoungjr.com

이 도서의 국립중앙도서관 출판시도서목록(CIP)은 서지정보유통지원시스템 홈페이지(http://seoji.nl.go.kr)와 국가자료공동목록시스템(http://www.nl.go.kr/kolisnet)에서 이용하실 수 있습니다. (CIP제어번호 : CIP2016023226)

어린이제품 안전특별법에 의한 표시사항
제품명 도서 제조년월일 2020년 6월 29일 제조사명 김영사 주소 10881 경기도 파주시 문발로 197
전화번호 031-955-3100 제조국명 대한민국 ⚠주의 책 모서리에 찍히거나 책장에 베이지 않게 조심하세요.